事業者必携

入門図解 最新 管理者のための
労働法の基本と実務

社会保険労務士
小島 彰 監修

三修社

本書に関するお問い合わせについて
　本書の記述の正誤、内容に関するお問い合わせは、お手数ですが、小社あてに郵便・ファックス・メールでお願いします。お電話でのお問い合わせはお受けしておりません。
　内容によっては、ご質問をお受けしてから回答をご送付するまでに１週間から２週間程度を要する場合があります。
　なお、本書でとりあげていない事項や個別の案件についてのご相談、監修者紹介の可否については回答をさせていただくことができません。あらかじめご了承ください。

はじめに

　使用者、管理者の仕事は、労働者の業務内容や勤務態度等について指揮・監督し、労働者が少しでも活き活きと働けるように、職場の環境を整えることです。それは会社の業績を向上させるための重要な役割ですが、使用者が、一方的に権力を行使し、利益追求のために労働者を酷使するという姿勢で経営に臨めば、労働者に悪影響を与えるばかりでなく、労働基準法をはじめとする労働法違反の責任を問われ、罰則や損害賠償請求を受ける可能性も生じます。このため、国は労働法という法律を制定し、労働者を厚く保護しています。こう聞くと、労働法は労働者のための法律のように思えますが、労働法を遵守していれば、管理者は加害者にならずにすみます。また、法の範囲を超えた要求をしてくる労働者を抑制することもできます。つまり、労働法は管理者を守る盾にも武器にもなるのです。そのためには、最低限の労働関係のルールを理解しておく必要があります。

　本書は、多様な雇用形態が認められていることに伴い、変形労働時間制など、複雑で多岐に渡る労働時間に関する各制度を取り上げるとともに、休日・賃金・人事異動、解雇といった労働をめぐる幅広い知識を一冊にまとめています。また、2018年7月に成立した、「働き方改革法」の内容もフォローしており、時間外労働の上限規制、勤務間インターバル制度の普及・促進、そして改正の目玉でもある、特定高度専門業務・成果型労働制（高プロ制度）などについて、十分な説明を心がけました。また、社会問題化している、パワハラやセクハラとその対策や、最低限抑えておくべき、労働保険や社会保険の手続きについてもあわせて解説しています。

　本書をご活用いただき、労務管理に役立てていただければ監修者としてこれに勝る喜びはありません。

監修者　社会保険労務士　小島　彰

目　次

はじめに

第1章　管理者が最低限知っておきたい法律とルール

1　労働法の全体像はどうなっているのか　　10
2　働き方改革法とはどんな法律なのかを知っておこう　　13
3　労働基準法のしくみを知っておこう　　17
4　労働者と使用者の関係をおさえておこう　　21
5　就業規則と作成手順について知っておこう　　23
　　相談　就業規則の不利益変更　　28
6　労働契約法とはどんな法律なのか　　29
7　労働協約と労使協定について知っておこう　　32
8　労働安全衛生法とはどんな法律なのか　　34

第2章　募集・採用・労働契約

1　労働契約を締結するときの注意点を知っておこう　　38
　　相談　身元保証契約　　40
　　相談　副業と禁止規定　　41
2　契約期間の定めにもルールがある　　43
3　試用期間について知っておこう　　45
4　不採用や内定取消をめぐる問題点について知っておこう　　47
　　相談　本採用前のインターンシップをめぐる問題　　51
　　相談　入社前研修　　52
Column　男女雇用機会均等法　　54

第3章　継続雇用・パート・派遣

1　継続雇用制度について知っておこう　56
2　外国人雇用について知っておこう　61
3　パートタイマーを雇う際にこれだけはおさえておこう　64
4　パート、アルバイトの採用手続きについて知っておこう　67
　　相談　パートタイム労働者の待遇の確保　70
5　パート社員の雇止めについて知っておこう　71
　　相談　パートタイマーの所得調整・年末調整　74
6　労働者派遣のしくみをおさえておこう　75
7　派遣契約の締結と解除について知っておこう　80
8　派遣先事業主が注意すべきことは何か　82
　　相談　違法派遣　84

第4章　労働時間

1　労働時間のルールと管理について知っておこう　86
　　相談　休憩時間のルール　89
　　相談　労働時間、休憩、休日の規定の適用除外　90
2　勤務間インターバルについて知っておこう　92
3　変形労働時間制について知っておこう　95
4　1か月単位の変形労働時間制について知っておこう　97
5　1年単位の変形労働時間制について知っておこう　102

6	1週間単位の非定型的変形労働時間制について知っておこう	107
7	フレックスタイム制について知っておこう	111
8	事業場外みなし労働時間制について知っておこう	115
9	裁量労働制について知っておこう	120
10	特定高度専門業務・成果型労働制（高プロ制度）について知っておこう	128
11	妊娠中、産前産後の保護制度について知っておこう	131
12	子育て期間中の労働時間はどのように配慮されているのか	134
13	在宅勤務と短時間正社員制度について知っておこう	139
Column	年少者の労働時間	144

第5章　賃金

1	賃金について知っておこう	146
	相談　平均賃金	149
2	割増賃金について知っておこう	151
3	三六協定について知っておこう	155
4	残業代不払いの問題の所在をおさえよう	161
	相談　労働時間の管理とタイムカード	168
5	残業時間と限度時間について知っておこう	170
6	固定残業手当について知っておこう	174
7	年俸制について知っておこう	177
	相談　出来高払いの賃金	179
	相談　欠勤・遅刻・早退の場合の取扱い	180

第6章　休日・休暇・休業

1 休日と休暇の違いをおさえよう　182
2 振替休日と代休の違いをおさえよう　184
3 年次有給休暇について知っておこう　186
4 休職とはどのような制度なのかを知っておこう　193
5 休業手当について知っておこう　196
6 育児休業について知っておこう　198
7 介護休業・介護休暇について知っておこう　202

第7章　退職・解雇・懲戒処分

1 解雇について知っておこう　206
2 整理解雇について知っておこう　211
3 懲戒処分の種類と制約について知っておこう　214
4 内部告発について知っておこう　216

Column　解雇や退職の手続き　218

第8章　安全衛生管理・セクハラ・パワハラ・労災

1 安全衛生管理について知っておこう　220
　　相談　産業医　223
2 メンタルヘルス対策とストレスチェックについて知っておこう　225
3 セクハラについて知っておこう　229
4 パワハラについて知っておこう　232

5	労災保険のしくみを知っておこう	236
相談	過労死	241
相談	過労自殺	243

第9章　配転・出向・労基署調査

1　配置転換と転勤について知っておこう　　　246
2　出向について知っておこう　　　250
3　労働基準監督署の調査について知っておこう　　　252

第 1 章

管理者が最低限知っておきたい法律とルール

1 労働法の全体像はどうなっているのか

従業員にとっても経営者にとっても大切である

労働基準法などの法律がある

労働者の働き方について定めているルールが労働法です。労働法とは、労働基準法、労働契約法、労働組合法、労働者派遣法、育児・介護休業法、パートタイム労働法など多数の法律と命令（政令・府省令・規則）、通達、判例の総称です。労働法は、働く人が生活と健康を守りながら仕事をするため重要な役割を果たしています。

労働法は、関係する主体に着目すると、主に4つに分類が可能です。まず、使用者と労働者との間の法律関係を規定したルールがあります。労働法の主要な法律がこれにあたり、労働基準法、最低賃金法、労働安全衛生法などが挙げられます。次に、個人としての労働者ではなく、労働者の集団（労働組合）と使用者との間の法律関係を規定したルールとして、労働組合法や労働関係調整法などがあります。また、使用者が労働力としての労働者を獲得する（雇用する）ために締結する労働契約に関するルールを規定しているのが、労働契約法、雇用対策法、労働者派遣法などです。さらに、必ずしもすべての労使間の問題が円満に解決するわけではないため、紛争が生じた場合に備えたルールとして、労働審判法など労働紛争解決に関する各種の法律が整備されています。

主な労働関係の法律には以下のものがあります。

① **労働基準法**

数ある労働関係の法律の中でも根幹に位置する重要な法律です。個々の労働者を保護するために、法定労働時間や法定休日、休暇などの労働条件についての最低基準を定めています。2018年成立の労働基準法改正で、時間外労働の上限規制（88ページ）や高度プロフェッショナル制度の導入などが決まりました（128ページ）。

② **労働契約法**

労働者は、就職すると企業と労働契約を結ぶのが通常ですが、労働契約法では労働者と使用者が労働契約を結ぶ上で守らなければならないルールが定められています。労働契

約を結ぶ上でのルールを明確にすることで、労使間のトラブルを減少させることが目的です。

　労働契約法は、自主的な交渉に基づく合意により労働契約を結び、労使間の法律関係を決定することを目的にしています。また、日本の雇用慣習を重視して就業規則に関する規定を多く置いています。2013年4月施行の法改正により、有期雇用の労働者が同一の職場で継続して5年を超えて働くと、労働者が申し込むことで無期雇用に転換できるようになっています（無期転換ルール）。

③　労働安全衛生法

　近年はうつ病など精神面での健康を害し、会社を休業・休職する人も増えています。労働安全衛生法は、労働者の安全と健康の確保と、快適な職場環境の形成を目的とする法律です。企業は、労働者のメンタルヘルス対策や職場復帰の支援にも取り組む必要があります。

④　育児・介護休業法

　正式には「育児休業、介護休業等育児又は家族介護を行う労働者の福祉に関する法律」といいます。育児や介護を行う労働者に対しては、休業だけでなく、働き方についても様々な配慮が必要になるため、育児・介護休業法でルールが定められています。

⑤　男女雇用機会均等法

　募集・採用から退職・解雇に至るすべての過程で、労働者の性別を理由に賃金や昇進などで差別すること

労働法の全体像

労働法		
	労働条件の基準などについて規定する法律	労働基準法、パートタイム労働法、最低賃金法、男女雇用機会均等法、育児・介護休業法など
	雇用の確保・安定を目的とする法律	労働者派遣法、雇用対策法(注)、職業安定法、高年齢者雇用安定法など
	労働保険・社会保険に関する法律	労災保険法、雇用保険法、健康保険法、厚生年金保険法など
	労働契約・労使関係を規定する法律	労働契約法、労働組合法、労働関係調整法など

(注) 2018年成立の法改正（働き方改革）により、正式名称が「労働施策の総合的な推進並びに労働者の雇用の安定及び職業生活の充実等に関する法律」に変わることが決まりました。

を禁じた法律です。「雇用の分野における男女の均等な機会及び待遇の確保等に関する法律」の略称です。

⑥ パートタイム労働法

短時間労働者や有期雇用労働者の役割の重要性を考慮して、通常の労働者（正社員に代表されるフルタイムの無期雇用労働者のこと）との均衡のとれた待遇を確保することを目的とした法律です。

かつては「短時間労働者の雇用管理の改善等に関する法律」という法律名からわかるように、短時間労働者のみを適用対象としていました。しかし、フルタイムの有期雇用労働者（契約社員など）も通常の労働者との均衡待遇を確保する必要があることから、2018年成立のパートタイム労働法改正で、法律名を「短時間労働者及び有期雇用労働者の雇用管理の改善等に関する法律」と変更し、短時間労働者に加えて有期雇用労働者も適用対象に含めました。

⑦ 高年齢者雇用安定法

従来は、労使協定で継続雇用する高齢者を限定する取扱いが認められていましたが、2012年8月の法改正により、この取扱いが認められなくなりました。そのため、2013年4月以降、企業は原則として希望者全員を65歳まで継続雇用することが義務付けられています。

命令、通達、判例

命令も国の行政機関が制定する法の一種です。労働法は専門的・技術的な内容と関わることが多く、社会情勢を判断して弾力的に運用していく必要もあります。そのため、法律で定める内容はある程度幅を持たせておき、実際の運用の基準や詳しい内容については、命令で定めています。命令は、内閣が決める場合は「政令」、内閣総理大臣が決める場合は「府令（内閣府令）」、厚生労働大臣などの各省大臣が決める場合は「省令」、中央労働委員会などの行政委員会が決める場合は「規則」といいます。

通達とは行政庁（厚生労働大臣など）の解釈で示された法律運用の指針のことです。専門的で技術的な内容に関わる労働法の実務の多くは通達によって動いているともいえます。

また、判例の判断も重要です。判例とは、主に最高裁判所で出された判決のことです。同種の事件について裁判所が同様の判断を積み重ねることによって、判例は事実上の拘束力のある法律のようになります。

2 働き方改革法とはどんな法律なのかを知っておこう

長時間労働の是正や多様な雇用形態を実現するための改正

働き方改革法とは

2018年7月6日に、国会で成立した、「働き方改革を推進するための関係法律の整備に関する法律」(働き方改革法)が公布されました。これに伴い、30以上の法律が改正されました。働き方改革法は、①働き方改革の総合的で継続的な推進、②長時間労働の是正と多様で柔軟な働き方の実現、③雇用形態にかかわらず労働者の公正な待遇を確保する、という3つの主要な目的があります。

このうち、①働き方改革の総合的で継続的な推進は、法案の公布日である2018年7月6日に、公布とともに施行され、雇用対策法の目的規定の中で、働き方改革の全体像が示されています。つまり、異なる事情を抱えた労働者の個々の事情に応じた雇用の安定や職業生活の充実を確保し、その結果として労働生産性を向上させるとともに、労働者の能力が十分に発揮できるように、国の講じるべき措置や会社側の責務などが明らかにされました。

国に関しては、労働時間の短縮をはじめとする労働条件の改善や、異なる雇用形態をとる労働者間の不均衡の改善、多様な雇用形態の実現を通じて、労働者の生活と仕事の両立を支える義務を負います。

一方、会社側に関しては、以下で取り上げる②長時間労働の是正と多様な働き方の実現や、③労働者の公正な待遇の確保に向けた労働環境の整備に取り組む責務を負います。

長時間労働是正などに関する改正

働き方改革の主要な目的である、②長時間労働の是正と多様で柔軟な働き方の実現については、具体的に、労働基準法の改正をはじめとする労働時間に関する制度の見直し、労働時間等設定改善法における勤務間インターバル制度の促進化、労働安全衛生法における産業医などの機能の強化を中心とした改正が行われます。これらの改正は、原則として2019年4月1日から施行されます(中小企業に関しては取扱いが異なります)。

・労働時間に関する制度の見直し

　労働時間については、特に労働基準法で時間外労働の上限規制が明記される点が重要です。つまり、法定労働時間を超える時間外労働について、原則として1か月45時間、1年360時間という上限が明記され（かつては告示で決められていました、157ページ）、労働者の健康確保などへの配慮が行われています。

　また、働き方改革の目玉のひとつとして、「特定高度専門業務・成果型労働制（高度プロフェッショナル制度）」が新設されました。これは、高度な専門的な業務を担う高年収（少なくとも1000万円以上）の労働者について、所定の要件を満たす場合に、労働時間や休日、深夜労働の割増賃金に関する規定の適用を免除し、職種の特性に適した多様な働き方を認める制度です。

・勤務間インターバル制度の促進化

　労働者の健康を守るために、翌日の始業開始時刻までの十分な休息時間を確保する、勤務間インターバル制度について、労働時間等設定改善法において、事業主（事業者）がインターバルを確保することに努めることが義務付けられました。

・産業医などの機能の強化

　産業医の選任義務を負う、労働者数が50名を超える事業場において、産業医が労働者に対して行った健康管理に関する勧告の内容などについて、衛生委員会に対して報告義務が課せられました。また、事業者は、産業医に対して、職場の労働者の健康維持に関する、必要な情報提供を行うことが義務付けられるなど、産業医を通じた労働者の健康維持に関する機能が強化されました。

公正な待遇の確保に関する改正

　働き方改革の目的の一つである、③雇用形態にかかわらず労働者の公正な待遇を確保することについては、パートタイム労働法、労働契約法、労働者派遣法など、あらゆる雇用形態における、不合理な待遇を禁止する規定が整備された点が重要です。これらの改正は、原則として2020年4月1日から施行されます。

　特にパートタイム労働法の改正で、短時間労働者と有期雇用労働者の雇用管理が一体化された点が重要です（65ページ）。正規雇用労働者との不合理な待遇の禁止や、個々の待遇を決定する際に、職務内容の性質・内容を考慮することが明確化されました。

働き方改革の背景と目的

働き方改革の背景

●我が国の労働関係に関する問題点●

① 長時間労働

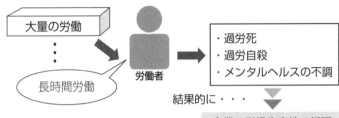

② 雇用形態における待遇の格差

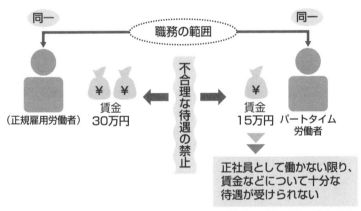

働き方改革の目的

→ ①や②などの改善をめざす

- ◎長時間労働の是正・多様な働き方の実現など
- ◎労働者の雇用形態に関わらない公正な待遇の確保

働き方改革の全体像と主な内容

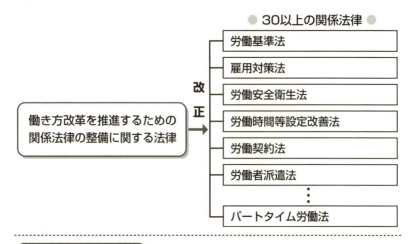

働き方改革の主な内容

① 働き方改革の総合的・継続的な推進（施行：2018年7月6日）

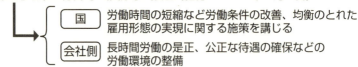

国　労働時間の短縮など労働条件の改善、均衡のとれた雇用形態の実現に関する施策を講じる

会社側　長時間労働の是正、公正な待遇の確保などの労働環境の整備

② 長時間労働の是正・多様な働き方の実現（施行：原則2019年4月1日）

労働時間の見直し

・時間外労働の上限規制を明文化⇒原則、月45時間・年360時間
・特定高度専門業務・成果型労働制（高度プロフェッショナル制度）の新設
　⇒一定の年収（最低1000万円以上）の専門的な知識が必要な業務に就く労働者について、労働時間、休日、深夜労働に対する割増賃金などの規定を適用しない

勤務間インターバル制度の促進

⇒事業主が勤務間インターバルの確保に努める義務を負う

産業医などの機能の強化

⇒事業者は、産業医に関する報告義務や、産業医に対する情報提供義務などを負う

③ 雇用形態に関わらない労働者の公正な待遇の確保（施行：原則2020年4月1日）
　⇒あらゆる雇用形態における、不合理な待遇を禁止する
・パートタイム労働者と有期雇用労働者が一体的に保護されることになった

3 労働基準法のしくみを知っておこう

労働条件の最低条件を定めている

どんな法律なのか

労働基準法は、労働条件に関するもっとも基本的なルールであり、労働者が人間らしい生活を営むことができるように、労働条件の最低基準を定めた法律です。憲法27条においても、「賃金、就業時間、休憩その他の勤労条件は法律でこれを定める」と規定しており、この憲法の規定を具体化した法律が労働基準法です。労働組合法、労働関係調整法とともに「労働三法」と呼ばれます。

なお、「労働者」とは、職業の種類を問わず、事業または事務所に使用される者で、賃金を支払われる者を指すので、正社員ばかりではなく、アルバイトやパートタイマー等のあらゆる従業員に適用されます。

そして、労働基準法の定める最低基準に達しない労働条件を定めた労働契約（雇用契約）、就業規則、労働協約は無効であり、無効となった部分は労働基準法が定める最低基準がそれらの内容になります。つまり、労働契約、就業規則、労働協約の内容に食い違いがある場合は、「労働協約→就業規則→労働契約」の順に効力が判断されますが、これら3つの最高位に労働基準法が位置付けられており、労働基準法が労働者の権利を守る最後の砦としての役割を果たしています。

さらに、労働基準法の多くの定めは、労働者を守るため、国家が使用者に対し様々な義務を課する（禁止事項を設ける）という形態を採用しています。そして、使用者が労働基準法の定めに違反して労働者を働かせた場合、その使用者は刑罰の対象になるとしている点で、労働基準法は刑罰法規としての性質を持っています。したがって、罪刑法定主義（犯罪行為とその犯罪行為に対する刑罰は、あらかじめ法律で定めておかなければならないとする原則）などの刑法の基本原則が労働基準法にも妥当することに注意が必要です。

どんなことを規定しているのか

労働基準法は、労働条件の最低基

準を示すために、労働者にとって重要な①労働条件、②解雇、③賃金、④労働時間、⑤休日等に関する事項についてルールを定めています。

まず、①労働条件について、使用者が労働者の国籍、信条、社会的身分を理由に、労働条件について差別的に取り扱うことを禁じています（均等待遇の原則）。あわせて、特に性別に関して男女同一賃金の原則を規定しています。なお、労働基準法は「賃金」に関しては、男女の差別的取扱いを禁止しているにすぎない点には注意が必要です。

次に、②解雇に関して、労働者が業務上傷病（負傷・疾病）にかかり療養のために休業する期間やその後の30日間の解雇を原則禁止しています。また、解雇をする際は、少なくとも30日前に解雇予告をしなければならず、解雇予告をしない場合は、30日分以上の平均賃金を支払わなければならないのが原則です。

③賃金に関しては、通貨払の原則、直接払の原則、全額払の原則、毎月1回以上定期日払の原則という4つの基本原則を定めています。

④労働時間に関しては、三六協定がないのに、労働者を1週40時間・1日8時間（法定労働時間）を超えて働かせることを原則禁止しています。

⑤休日等については、使用者は、労働者に毎週最低でも1回の休日を与えなければなりません（週休制の原則）。ただし、この原則には4週につき4日以上の休日を与えればよいという例外もあります。

懲役が科される可能性もある

労働基準法の各条項の責任主体としての「使用者」（事業主のために行為をするすべての者が該当します）

労働基準法の規定内容

労働基準法
↓
労働条件の最低基準を定めた法律

① 労働条件に関するルール
② 解雇に関するルール
③ 賃金に関するルール
④ 労働時間に関するルール
⑤ 休日等に関するルール

主な労働基準法の罰則

1年以上10年以下の懲役又は20万円以上300万円以下の罰金	
強制労働をさせた場合（5条違反）	労働者の意思に反して強制的に労働させた場合

1年以下の懲役又は50万円以下の罰金	
中間搾取した場合（6条違反）	いわゆる賃金ピンハネ
児童を使用した場合（56条違反）	児童とは中学生までをいいます

6か月以下の懲役又は30万円以下の罰金	
均等待遇をしない場合（3条違反）	国籍・信条・社会的身分など
賃金で男女差別した場合（4条違反）	
公民権の行使を拒んだ場合（7条違反）	選挙権の行使等が該当する
損害賠償額を予定する契約をした場合（16条違反）	実際の賠償自体は問題ない
前借金契約をした場合（17条違反）	身分拘束の禁止
強制貯蓄させた場合（18条1項違反）	足留め策の禁止
解雇制限期間中に解雇した場合（19条違反）	産前産後の休業中または業務上傷病の療養中及びそれらの後30日間
予告解雇しなかった場合（20条違反）	即時解雇の禁止
法定労働時間を守らない場合（32条違反）	時間外労働をさせるには三六協定が必要
法定休憩を与えない場合（34条違反）	途中に一斉に自由に
法定休日を与えない場合（35条違反）	所定と法定の休日は異なる
割増賃金を支払わない場合（37条違反）	
年次有給休暇を与えない場合（39条違反）	
年少者に深夜業をさせた場合（61条違反）	年少者とは18歳未満の者
育児時間を与えなかった場合（67条違反）	育児時間とは1歳未満の子への授乳時間等のこと
災害補償をしなった場合（75〜77、79、80条違反）	仕事中の傷病や死亡に対して会社は補償しなければならない
申告した労働者に不利益取扱をした場合（104条2項違反）	申告とは労働基準監督官などに相談すること

30万円以下の罰金	
労働条件明示義務違反（15条）	
法令や就業規則の周知義務違反（106条）	

が、労働基準法で定めるルールに違反すると、違反行為者には罰則が科せられます。労働者も事業主のために行動するときは「使用者」に該当し、労働基準法に違反すると罰則が適用されることに注意が必要です。

労働基準法で最も重い罰則が科されるのは、労働者の意思に反して労働を強制した場合です。労働者に強制労働をさせた者には、1年以上10年以下の懲役または20万円以上300万円以下の罰金が科されます。

時間外労働については、三六協定がないにもかかわらず、法定労働時間を超えて労働させた者には、6か月以下の懲役または30万円以下の罰金が科されます。また、変形労働時間制についての労使協定の届出をしなかった者には、30万円以下の罰金が科されます。

会社も罰せられる場合もある

罰則は行為者自身にしか科さないのが原則ですが、労働基準法は、違反した行為者に加え、行為者が所属する事業主（会社）にも罰金刑を科すとしています（会社は生身の人間でないので懲役刑は科されません）。このように違反行為者と事業主の両者に罰則を科す旨の規定を**両罰規定**といいます。

ただし、事業主（会社の代表者など）が違反防止に必要な措置をしていれば、罰則の適用を免れます。しかし、事業主が、①違反の計画を知りその防止に必要な措置を講じなかった場合、②違反行為を知りその是正に必要な措置を講じなかった場合、③違反をそそのかした場合は、事業主も行為者として罰せられます。

付加金の支払い

付加金とは、労働基準法で定める賃金や各種手当を支払わない使用者に対して、裁判所が支払いを命じる金銭のことです。裁判所は、賃金や各種手当を支払わない使用者に対し、労働者の請求によって、未払金の他、これと同額の付加金の支払いを命じることができます。付加金の請求権は違反行為時から2年で時効消滅します。

なお、使用者の付加金支払義務は、裁判所が支払命令をした時にはじめて発生するので、労働者が付加金支払命令前に使用者から未払金を受け取ると、裁判所は付加金支払命令ができなくなると考えられています。

4 労働者と使用者の関係をおさえておこう

事業主に雇われていても「使用者」として扱われる場合がある

法律によって違う労働者の定義

　労働基準法では「職業の種類を問わず、事業又は事務所に使用される者で、賃金を支払われる者」、労働組合法では「職業の種類を問わず、賃金、給料その他これに準ずる収入によって生活する者」を労働者としています。また、労働契約法では「使用者に使用されて労働し、賃金を支払われる者」を労働者としています。

　現在会社に勤めていれば、どの法律によっても労働者にあたります。

　一方、失業中の者は労働基準法や労働契約法の労働者にはあたりませんが、労働者の団結権や団体交渉権の保障を目的とする労働組合法の労働者には該当します。

　また、個人事業主である作家が妻を秘書として雇った場合は、労働基準法の適用除外である「同居の親族のみを使用する事業」なので、妻は労働基準法の労働者にはあたりませんが、作家という使用者に雇われているため、労働契約法の労働者には該当します。

使用者かどうかの基準

　労働基準法の「使用者」は、それに含まれる範囲が広くなっています。これは労働者の権利を左右する立場にある者に労働基準法上の責任を負わせるためです。

　労働基準法10条は、使用者を「事業主または事業の経営担当者その他その事業の労働者に関する事項について、事業主のために行為をするすべての者」と定義しています。「使用者」にあたるかどうかは、労働者の権利を左右する立場にあるか否かによって決定され、役職とは直接関係ありません。個々のケースで、実際に労働者を指揮・監督する権限があるのかを考慮することが大切です。

　一方、労働契約法2条1項は、使用者を「その使用する労働者に対して賃金を支払う者」と定義しています。また、労働組合法では、集団的労働関係における労働組合と対峙する一方当事者となる労務・人事の担当者を使用者と扱っています。

管理職は管理監督者と扱われる？

　一般に管理職は、労働基準法41条2号の「監督もしくは管理の地位にある者」とされ、これを**管理監督者（管理者）**といいます。管理監督者には、労働基準法上の労働時間（32条）、休憩（34条）、休日（35条）の規定は適用されないため、時間外手当（割増賃金）の代わりに管理職手当が支給されのが普通です。

　管理監督者といえるかどうかは、形式的な役職の名称ではなく、実際の職務内容、責任と権限、勤務態様、待遇がどうであるかといった点を総合的に判断する必要があります。

　職務内容・責任と権限については、経営の方針決定に参画する者であるか、または労務管理上の指揮権限を有する者でなければなりません。

　また、勤務態様については、出退勤について厳格な規制を受けていないことが要求されます。待遇についても、管理監督者として相応しい賃金を受けていることが重要です。

　よって、「店長」「係長」などの役職にあっても、権限がないまま会社から役職名のみを与えられた者（名ばかり管理職）を管理監督者として扱うのは労働基準法違反となります。管理職が管理監督者ではないと判断された場合は、労働時間・休憩・休日の規制が適用され、会社は、その管理職に対し時間外手当を支払う必要があります。

管理監督者か否かが争われた例

　管理監督者が否かが争われた有名なケースとして、日本マクドナルドの直営店の店長という立場が、残業代が支払われない管理監督者にあたるのかどうか争われた事件で、店長が管理監督者にあたらないと判断をした裁判例があります（東京地裁2008年1月28日）。

　この裁判が社会的に注目を集めたこともあり、厚生労働省は2008年9月9日、小売業や飲食業などのチェーン店で、各店舗の店長が管理職に該当するかどうかの判断基準を示す通達を出しました。この通達では、十分な権限、相応の待遇等が与えられていないのに、チェーン店の店長（管理職）として扱われている事例があることを踏まえて、管理監督者性を否定する要素を挙げています。

　管理監督者の制度は会社が安易に利用する傾向があり、裁判になると管理監督者性が否定されることがほとんどである点に注意すべきです。

5 就業規則と作成手順について知っておこう

事業場内のルールブックである

労働者10人以上のときに必要

　会社（使用者）が定める労働者に遵守させる会社のルールブックを**就業規則**といいます。就業規則には、労働者の待遇、採用、退職、解雇などの労働条件や、服務規律（労働者が会社の一員として日常の業務を行う上で念頭に置くべきルール、倫理、姿勢などに関する規定）、福利厚生、その他の内容を定めます。日本の企業においては、就業規則が労使間のルールの多くを規定している場合がほとんどですので、各種の労働法などと同様に、労使間をめぐる法律関係を検討する際には、その拠り所として就業規則が用いられる場合が多いという特徴があります。

　必ずしも「就業規則」という名称が付けられている場合だけでなく、従業員規則などといったように、別の名称が付けられている場合であっても、①使用者が定めた規則であること、②特定の労働者が対象ではなく、多数の労働者を対象に、労働条件や服務規律などに関する事項が規定されている、という実質を備えているルールについては、広く就業規則として認められます。

　そして、労働者が常時10人以上いる事業場（事務所、店舗、工場、支社など会社の業務が行われる場所）では、就業規則の作成・届出が義務付けられていることに注意が必要です（労働基準法89条）。労働者には、正社員だけでなく、契約社員、パート、アルバイトも含みます。この要件に該当する事業場では、就業規則を作成しなければならず、作成義務に違反すると30万円以下の罰金が科せられます。

　一方、常時10人未満の労働者しか使用していない事業場では、就業規則の作成義務はありません。なお、作成義務の有無を問わず、就業規則を作成した使用者は、必ずその就業規則を労働者に周知しなければなりません（労働基準法106条1項）。

　経営者と従業員が団結して事業に取り組んでいる間はよいのですが、従業員の入れ替えや経営者の交代な

ど、会社で働く労働者は常に変動する可能性があります。このような事情を考えると、法律上の義務の有無に関係なく、従業員に対するルールとして就業規則を作成しておくことは、会社組織の維持管理のために重要です。

なお、就業規則に類似した規定として労働協約が挙げられます。労働関係において、労働協約は、就業規則よりも優位に位置付けられており、就業規則の内容は労働協約に違反することは認められません。

また、就業規則には個別の労働契約を体現するという役割もあります。つまり、労働者との間で結ばれる労働契約において、詳細な労働条件について労働契約書の中に規定されるケースは稀であるため、労働者は就業規則に規定された内容を、いわば一括的に同意した上で、労働契約を締結する場合がほとんどといえます。

労働者代表との意見調整

労働基準法では就業規則の作成にあたり、①事業場に労働者の過半数で組織する労働組合（過半数組合）がある場合にはその労働組合、過半数組合がない場合には労働者の過半数を代表する者（過半数代表者）の意見を聴くこと、②就業規則の届出の際には、過半数組合または過半数代表者の意見を記した書面（意見書）を添付することを義務付けています。

①の際に反対意見が出ても、それに合わせて就業規則を変更する法律上の義務はありません。ただ、従業員のやる気をそぎ、円滑な事業活動に支障をきたすことになる可能性もありますので、ある程度の意見調整は必要です。

規定が無効になることもある

就業規則は、事業場の労働者が遵守すべきルールですが、労働基準法などの法令や労働協約に反する規定を設けることはできません。

たとえば、1日8時間労働する従業員に対し、就業規則で「休憩時間を設けない」とする規定を設けても、労働基準法34条に違反しますので、その規定は無効になります。この場合、労働者は就業規則の当該規定に従う必要はありません。

また、使用者と労働者が直接締結する労働契約において、就業規則で定める基準に達しない労働条件を定めた場合は、その達しない部分の労働条件が無効となり、無効となった労働条件は、就業規則で定める基準

に合わせることになります（規範的効力）。

就業規則は常に見直しを求められる

就業規則を変更する場合も、作成の場合と同様の手続きが必要です。つまり、常時10人以上の労働者を使用する事業場では、①変更した就業規則の文書（または電子データ）を作成する、②事業場の過半数組合（過半数組合がない場合は過半数代表者）の意見を聴いて意見書を作成する、③意見書を添付して就業規則を労働基準監督署に届け出る、という段階を踏むことが必要です。さらに、変更後の就業規則の周知も必要です。

労働者の労働形態、労働状況の実態と就業規則が見合わなくなっている場合は、経営効率の低下の要因にもなりかねませんので、必要に応じて変更を加え、より現状に適合した就業規則にしていく必要があります。

就業規則が膨大になる場合

就業規則にルールのすべてを記載しようとすると、就業規則の本体が膨大な量になり使いづらくなることもあります。そこで、就業規則の本則とは別に、特定の事項だけを別途記載した別規程（社内規程）を作るという形をとるケースがあります。

もっとも、別規程を就業規則の本則と切り分けて別にするのは、あくまでも便宜上のことで、就業規則に記載すべき内容であるときは、就業規則と一体のものとして扱われます。そのため、労働基準監督署への届出の際には、就業規則の本則と別規程を一緒に提出することになります。

3種類の記載事項がある

労働基準法は、就業規則の作成義務、届出義務、労働者への周知義務

就業規則とは

作成義務	常時10人以上の労働者を使用している事業場で作成義務がある
意見聴取義務	作成・変更に際しては、過半数組合（過半数組合がない場合は過半数代表者）の意見を聴かなければならない
周知義務	作成・変更した内容を労働者に周知させなければならない
規範的効力	就業規則で定める基準に達しない労働契約は、その部分につき無効となり、無効部分は就業規則で定めた基準による

を定めるとともに、就業規則の記載事項についても定めています。

労働基準法では、就業規則に明記する事項を、絶対的必要記載事項、相対的必要記載事項、任意的記載事項の3種類に分けています。

絶対的必要記載事項

就業規則に必ず記載しなければならない事項です。一つでも記載がないと30万円以下の罰金に処せられます（労働基準法120条1号）。しかし、この場合の就業規則の効力は他の要件を備えている限り有効です。

・労働時間等に関する事項

具体的には、①始業・終業の時刻、②休憩時間、③休日・休暇、④労働者を2組以上に分けて交替に就業させる場合における就業時転換に関する事項です。

①は単に「1日8時間、週40時間」と定めるだけでは不十分です。②は休憩の長さ・付与時刻・与え方など具体的に規定する必要があります。③には休日の日数・与え方・振替休日などを定めます。

・賃金に関する事項

具体的には、①賃金の決定・計算・支払の方法、②賃金の締切・支払の時期、③昇給に関する事項です。

退職手当（退職金）や臨時の賃金等は相対的必要記載事項になるため、ここでの「賃金」からは除きます。

・退職に関する事項

任意退職・解雇・定年・契約期間満了など、退職に関するすべての事項を記載しなければなりません。解雇の事由も明記が必要です。

退職手当に関する事項は、相対的必要記載事項にあたります。

相対的必要記載事項

就業規則に記載することが義務付けられてはいませんが、該当する制度を設ける場合は、必ず就業規則に記載しなければならない事項です。具体的には、以下の8項目が定められています。

① 退職手当の適用される労働者の範囲、退職手当の決定・計算・支払の方法や支払時期に関する事項

② 臨時の賃金等や最低賃金額に関する事項

③ 労働者に負担させる食費・作業用品その他の負担に関する事項

④ 安全・衛生に関する事項

⑤ 職業訓練に関する事項

⑥ 災害補償・業務外の傷病扶助に関する事項

⑦ 表彰・制裁（制裁とは「懲戒

のことです）の種類・程度に関する事項

⑧ その他事業場の労働者のすべてに適用される定めに関する事項

注意すべき点は「どのような違反をしたら、どのような内容の制裁が加えられるか」ということを就業規則に明示しておく⑦の制裁（懲戒）についての規定です。労働者に制裁をするには根拠となる条項が必要である（労働契約法15条）ことから、減給や出勤停止といった制裁内容は、就業規則内にルール化しなければなりません。

また、相対的必要記載事項については、これらの規定を新設する場合だけでなく、社内にすでに慣行として存在する事項も明記が求められます。

任意的記載事項

就業規則に記載することが任意とされているものです。たとえば、就業規則制定の目的や趣旨、用語の定義、従業員の心得、採用、職種や職階などが該当します。

就業規則の記載事項

絶対的必要記載事項

労働時間等	始業・終業の時刻、休憩時間、休日・休暇、交替勤務の要領
賃　　金	決定・計算・支払の方法、締切・支払の時期、昇給
退　　職	身分の喪失に関する事項…任意退職、解雇、定年など

相対的必要記載事項

退職手当	退職手当（退職金・退職年金）が適用となる労働者の範囲、退職手当の決定・計算・支払の方法や支払時期
臨時の賃金等・最低賃金額	臨時の賃金等の支給の条件・時期など
食事・作業用品などの負担	
安全・衛生	
職業訓練	
災害補償、業務外の傷病扶助	
表彰・制裁（懲戒）	就業規則に規定しないと懲戒できない
その他事業場の労働者すべてに適用する定めを作る場合は、その事項（たとえば、服務規律、配置転換・転勤・出向・転籍に関する事項）	

任意的記載事項

労働基準法に定められていない事項でも記載するのが望ましいもの
企業の理念や目的、採用に関する事項、など

相談 就業規則の不利益変更

Case 労働条件を労働者にとって不利益な内容に変更することはできるのでしょうか。労働者の合意を得ないでもよい場合があるのでしょうか。

回答 たとえば、予想もしなかった天変地異などが生じたために、就業規則を変更する場合、職場（事業場）の過半数組合（過半数組合がない場合には過半数代表者）の意見を聴いて意見書を添付して労働基準監督署に届け出れば、変更は可能です（25ページ）。ここで注意すべき点は、労働者側との合意は必要ではなく、あくまで意見を聴けば就業規則を変更することができます。しかし、就業規則の変更が労働者に不利益になる場合は、労働者と合意をすることなく、就業規則を変更することは原則としてできないことになっています（労働契約法9条）。

なお、就業規則は従業員に周知することで有効となりますので、従業員への説明は十分に行う必要があります。

●労働者の合意を得ないでもよい場合

前述のとおり、就業規則の変更により労働条件を不利益に変更する場合には、原則として労働者との合意が必要とされています。

ただ、一定の要件を満たした場合には、労働者との合意がなくても、就業規則の変更により、労働条件を不利益に変更することが可能です（労働契約法10条）。労働者との合意を得ずに、就業規則の変更により労働条件を不利益に変更するためには、変更後の就業規則を労働者に周知させる（広く知らせる）という手続きが必要です。さらに、就業規則の変更内容が、労働者の受ける不利益の程度、労働条件の変更の必要性、変更後の就業規則の内容の相当性、労働組合との交渉の状況などの事情を考慮して「合理的なもの」でなければなりません。

以上の要件を満たすのであれば、労働者を不当に不利にする就業規則の変更とはいえないので、労働者との合意を得ずに就業規則を変更することが可能とされています。

6 労働契約法とはどんな法律なのか

労働契約の締結・変更に関するルールを規定している

労働契約を定める際のルール

労働契約法は、労働者と使用者が労働契約を定める際に守らなければならないルールについて定めた法律です。労働契約法は条文数が少ないですが、労働契約法のルールが守られることで、労使間で生じることの多い解雇や労働条件をめぐるトラブルを未然に防止する、という効果を期待することができます。

また、労働者が雇われる際に、会社との間で労働契約を結ぶ場合、原則として契約の内容は自由です。

しかし、契約だからといってどんなことでも定めてもよいわけではありません。ましてや会社は契約や交渉に精通していますが、一般の労働者は契約に関してそれほど詳しいわけではありません。

そのような力関係に差がある両者が契約を結んでも、労働者に不当に不利な契約が締結されるおそれが高いといえます。そのため、適正な労働契約が締結されるように、労働契約法においては、労働者と会社（使用者）が労働契約を締結し、または変更する際に、労働者の権利を保護するための必要な規制を設けているのです。

労働契約法の特徴

労働契約法には以下のような特徴があります。

・対等な立場での合意を明文化

労働契約法は、当事者間の自主的な交渉に基づいた合意によって労働契約が結ばれ、それによって労使間の法律関係が決定されることを目的としています。また、仕事と生活の調和に配慮して労働契約を締結・変更すべきことを求めています（3条3項）。これは「ワークライフバランス」（子育てや親の介護など、仕事と仕事以外の生活との調和がとれている状態を表す言葉）の理念を組み込んだ規定ということになります。

・就業規則関係の規定が多い

労働契約は個々の労働者と会社との間で結ぶのが原則ですが、社内に広く知られている就業規則がある場

合、就業規則に記されている労働条件を労働契約の内容とすることができます。

・出向や有期雇用について明文化

出向命令が無効とされる場合やパートタイマーなどの有期雇用の労働者（有期労働者）を解雇する場合のルールが置かれています。

無期労働契約への転換

同じ使用者と締結していた複数回の有期労働契約の通算期間が5年を超えれば、有期労働者は労働契約を無期のものに転換するよう申し込むことができます。使用者が誰かというのは、労働の実質を見て判断するため、派遣労働者が5年以上働いた場合であれば、派遣先が使用者とみなされることもあり得ます。なお、複数回の有期労働契約の通算期間が5年を超えていれば、有期労働者はいつでも無期労働契約への転換の申込みができます。

使用者は、労働者のこの申込みを自動的に承諾したとみなされるので、使用者側がこの申込みを拒否することはできません。無期労働契約に転換した際の労働条件は、原則として、有期労働契約を締結していたときと同じになります。

ただし、契約期間が通算5年を超えているとしても、6か月以上のクーリング期間（契約を結んでいない期間）をはさんでいる場合には、クーリング期間後の時点から契約期間を通算することになります。

有期労働者の雇止めの制限等

①有期労働契約が継続して更新されており、労働契約を更新しないことが解雇と同視できる場合や、②有期労働者が労働契約の更新がなされ

労働契約法が定める労働契約の原則

労働契約を結ぶ際のルール

❶ 労使間が対等の立場による合意によって労働契約を締結・変更すること

❷ 労働契約の締結・変更にあたっては就業実態に応じた均衡を考慮すること

❸ 仕事と生活の調和に配慮して、労働契約を締結・変更すること

❹ 労働者・使用者は労働契約を遵守して、信義に従い誠実に行動すること

❺ 労働契約に基づく権利の行使であっても権利を濫用してはならない

るという合理的な期待をもっている場合、使用者による有期労働契約の不更新（雇止め）が制限されます。

労働契約の期間満了に伴い、使用者が雇用関係を一方的に終了させる「雇止め」は、解雇（契約期間中に使用者が一方的に雇用関係を終了させること）には該当しません。しかし、有期労働契約を繰り返し更新した後に突然更新を拒絶することによる紛争が多発しているため、有期労働契約の更新についてのルールが置かれています。

そして、①有期労働契約の不更新が解雇と同視できるかどうか、②労働者が労働契約の更新に対して合理的期待をもっているかどうかは、更新の回数、労働契約の内容、雇用の継続に対する使用者の言動などから判断します。①②のいずれかがあると判断されると、合理的理由を欠き、社会通念上相当でない雇止めが無効となり、有期労働契約の更新を承諾したとみなされます。これを**雇止め法理**と呼ぶことがあります。

なお、2018年の労働契約法改正で、有期労働者の労働条件を無期労働者と異なったものにする場合、①職務内容（業務内容、業務に伴う責任の程度）、②職務内容の変更の範囲（事務から営業への変更など）、③配置の変更の範囲（転勤・出向の有無など）、④その他の事情を考慮して、不合理な労働条件を定めてはならない旨の規定が削除されました。しかし、これはパートタイム労働法に同じ趣旨の規定が置かれたことによるものですから、今後も有期労働者に不合理な労働条件の設定は許されません。

有期労働者から無期労働者への転換（無期転換ルール）

有期労働者

【有期労働契約（5年超）】
↓
「期間の定めのない労働契約（無期労働契約）への転換」

使用者

☆ 6か月以上のクーリング期間（未契約期間）をはさんでいる場合、クーリング期間前の契約期間は通算されない。
☆ 使用者は、労働者のこの申込みを自動的に承諾したとみなされるため、使用者の側がこの申込みを拒否することはできない。

7 労働協約と労使協定について知っておこう

ともに労働組合と使用者の間で書面により締結される

労働協約

　労働組合が労働条件を向上させるため、使用者との間で書面により結んだ協定を**労働協約**といいます（労働組合法14条）。労働協約にどのような内容を定めるかは、原則として当事者の自由です。主に組合員の賃金、労働時間、休日、休暇などの労働条件に関する事項や、労働組合と使用者との関係に関する事項をその内容とします。

　労働協約は、就業規則とは異なり、団体交渉によって労使間で合意に達した事項を文書化し、労使双方の代表者が署名または記名押印することで効力が生じます。書面化しないと労働協約の効力は生じません。

　労働協約の効力が及ぶのは、原則として協約当事者である労働組合の組合員に限られます。ただし、事業場の同種の労働者の4分の3以上が適用される労働協約は、その事業場全体の同種の労働者に対して適用されます（一般的拘束力）。

労使協定

　労使協定とは、事業場の過半数の労働者で組織される労働組合（そのような労働組合がない場合には労働者の過半数を代表する者）と、使用者との間で、書面によって締結される協定のことです。三六協定（労働基準法36条に基づく時間外・休日労働に関する協定）、変形労働時間制に関する協定、年次有給休暇の計画的付与に関する協定など、様々な労使協定がありますが、その多くが労働基準法を根拠とするものです。

　労使協定には、労働基準監督署への届出が義務付けられているものとそうでないものがあります。

労働協約と労働契約などとの関係

　労働協約は労働基準法などの法令に次ぐ効力があるので、就業規則や労働契約に優先します。よって、労働協約に反する労働契約や就業規則の労働条件は無効になり、無効とされた部分は労働協約で定めた労働条件が労働契約の内容になります。

注意すべき点は、労働協約が就業規則や労働契約より不利な内容であっても、原則として就業規則や労働契約が無効となり、労働協約が適用されることです。たとえば、労働契約で時給2000円と定めても、後から労働協約で時給1800円と定めると、時給が1800円に切り下げられます。

労使委員会とは

労働基準法は、労使間に入って労働条件に関する折衝・協議を進める担当機関として**労使委員会**の設置を認めています。特に企画業務型裁量労働制や高度プロフェッショナル制度（128ページ）を導入しようとする事業場は、必ず労使委員会を設置しなければなりません。

労使委員会の目的は、事業場の労働条件について調査審議し、使用者に意見を述べることです。労使委員会は継続的に設置される機関で、使用者と事業場の労働者を代表する者から構成されます。

労使委員会での議事については、議事録を作成・保管し、事業場の労働者に周知させることが必要です。また、労使委員会の決議は、労使委員会の委員の5分の4以上の多数決によることで労使協定の代替とすることが認められる場合があります（下図参照）。つまり、労使委員会の決議があれば、労使協定を定める必要がなくなる場合です。ただし、時間外・休日労働に関する三六協定に代えて労使委員会で決議した場合のように、労働基準監督署への決議の届出が必要となることがあります。

労使協定に代えて労使委員会で決議できる労働基準法上の事項

① 1か月単位の変形労働時間制　② フレックスタイム制
③ 1年単位の変形労働時間制　④ 1週間単位の非定型的変形労働時間制
⑤ 休憩時間の与え方に関する協定　⑥ 時間外・休日労働（三六協定）
⑦ 割増賃金の支払いに代えて付与する代替休暇
⑧ 事業場外労働のみなし労働時間制
⑨ 専門業務型裁量労働制のみなし労働時間
⑩ 時間単位の年次有給休暇の付与　⑪ 年次有給休暇の計画的付与
⑫ 年次有給休暇に対する標準報酬日額による支払い

※「貯蓄金管理」「賃金の一部控除」は、必ず労使協定が必要で、労使委員会の決議による代替ができない。
※「企画業務型裁量労働制のみなし労働時間」は、労使協定が不要で、労使委員会の決議が必要である。

8 労働安全衛生法とはどんな法律なのか

労働者が快適に職場で過ごせるようにする法律

どんな法律なのか

労働安全衛生法は、職場における労働者の安全と健康を確保し、快適な職場環境を作ることを目的として昭和47年に制定された法律です。もともとは労働基準法に安全衛生に関する規定がありました。しかし、企業の技術が高度化するとともに、企業の産業構造も、労働基準法が当初想定していたよりも、はるかに複雑なものへと変化していきました。そのため、労働基準法の中に置かれた、安全衛生に関する規定のみでは、企業の実態に応じた措置をとることが難しくなりました。

そこで、独自の立法として、労働安全衛生法が、労働者の安全や健康の確保などに特化した法律として規定されることになりました。このため、同法1条には「労働基準法と相まって労働者の安全と健康を確保するとともに、快適な職場環境の形成を促進する」と規定されています。

同法には、①この目的を達成するために厚生労働大臣や事業者（会社）が果たすべき義務や、②機械や危険物、有害物に対する規制、③労務災害を防止するための方策を講じなければならないこと、④事業者は労働者の安全を確保するために安全衛生を管理する責任者を選出しなければならないこと、⑤法に反した際の罰則などが規定されています。

スタッフや組織の配置義務

労働安全衛生法は、労働者の安全と衛生を守るため、事業者に対し様々な役割をもつスタッフや組織を事業場に配置することを求めています。具体的には、業種や労働者数に応じ、総括安全衛生管理者、産業医、安全管理者、衛生管理者、安全衛生推進者・衛生推進者、安全委員会・衛生委員会、安全衛生委員会などのスタッフや組織の配置を義務付けています（220ページ）。

過重労働等への対策

労働安全衛生法により、労働者の過重労働やメンタルヘルス疾患への

対策として、時間外・休日労働が月100時間を超える労働者の申し出に応じて、医師による面接指導などを行うことが義務付けられています。

また、衛生委員会や安全衛生委員会には、自主的に長時間労働の改善に関する調査審議や事業者への意見陳述をする権限が認められる場合があります。本来は労働時間等設定改善委員会の権限ですが、労使協定により衛生委員会等に同等の権限を与えることが可能です。このように、労働者の安全衛生の確保と長時間労働に関する諸問題を一体的に解決するしくみが整えられています。

なお、2018年の労働基準法改正で、使用者が労働者に月100時間を超える時間外・休日労働をさせることは、研究開発業務（三六協定が締結されている場合に限る）を除き、罰則の対象になる旨が明記されました。さらに、罰則の例外となる研究開発業務の労働者について、2018年の労働安全衛生法改正では、医師による面接指導を義務付けました。

会社が講じるべき措置

労働安全衛生法は、事業者が配置すべきスタッフや組織の他にも、事業者が講じるべき措置について定めています。まず、機械などの設備により、爆発・発火などの事態が生じる場合や、採石や荷役などの業務から危険が生じる可能性がある場合には、それを防止する措置を講じなければならないことを定めています（20、21条）。また、ガスや放射線あるいは騒音といったもので労働者に

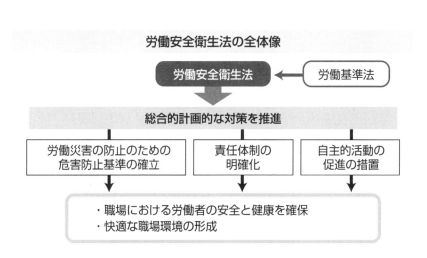

労働安全衛生法の全体像

健康被害が生じるおそれがある場合にも、事業者は労働者に健康被害が生じないように必要な対策を立てなければならないとしています（22条）。さらに、下請契約が締結された場合には、元請業者は下請業者に対して、労働安全衛生法や関係法令に違反することがないように指導しなければならないとしています（29条）。

労働者への安全衛生教育

労働安全衛生法では、事業者が労働者の生命や健康を守るために安全衛生教育を行わなければならないことを定めています。たとえば、事業者が新たに労働者を雇い入れた場合や作業内容を変更した場合は、労働者に対して安全や衛生についての教育を行うことが義務付けられています（59条）。

労働者の健康保持のための措置

労働安全衛生法は、労働者の健康を守るために、作業の適切な管理を事業者の努力義務としています。

さらに、事業者は、労働者に対して定期的に健康診断を実施しなければなりません（66条）。実施後には、診断結果に対する事後措置について医師の意見を聴くことも義務付けられています（66条の4）。健康診断を経て、労働者の健康が害されるおそれがあると判明した場合、事業者は必要な対策を講じます（66条の5）。

快適な職場環境を形成するために

事業者は、労働者が快適に労務に従事できるよう、職場環境を整える努力義務が課されています（71条の2）。

具体的には、厚生労働省が公表する「事業者が講ずべき快適な職場環境の形成のための措置に関する指針」を参考にします。この指針では、労働環境を整えるために空気環境、温熱条件、視環境、音環境を適切な状態にすることが望ましいとされています。また、労働者に過度な負荷のかかる方法での作業は避け、疲労の効果的な回復のため休憩所を設置することも重要です。

さらに、労働者が事業場で災害に遭うことを防ぐため、厚生労働大臣には「労働災害防止計画」の策定が義務付けられています（6条）。労働災害防止計画を策定するにあたり、まずは労働政策審議会の意見を聴きます。その上で社会情勢による労働災害の変化を反映させ、労働災害防止対策またはその他労働災害の防止に関する事項を定めます。

第 2 章

募集・採用・労働契約

1 労働契約を締結するときの注意点を知っておこう

労働条件の明示や中間搾取の禁止などの約束事が労働者を守る

■労働契約の成立

労働契約は労働者（被雇用者）が使用者に労務の提供をすることを約し、使用者がその対価として賃金を支払う契約です。契約という意識がなくても、「雇います」「雇われます」という合意だけで契約は成立します。ただ労働契約は様々な法令などの制約を受けます。その中で主な基準となるのは労働基準法、労働協約、就業規則です。これらに違反しない範囲で労働契約は有効になります。

労働基準法は、労働条件は労働者と使用者が対等の立場で決めるべき（2条1項）としつつも、労働者を保護するために、合意された内容のうち労働基準法で定める最低基準に満たないものを無効とし、無効となった部分は労働基準法に規定されている内容がそのまま契約の内容になるとしています（13条）。

■労働条件の明示

使用者は労働者を雇い入れる（労働契約を締結する）際に、労働者に対して、労働条件を明示しなければなりません（次ページ図）。労働条件の明示は口頭でよいのが原則ですが、賃金・労働時間・契約期間・就業場所・業務内容などの重要な労働条件は、必ず書面（労働条件通知書）を交付して明示しなければなりません（15条1項）。パートタイム労働者や有期労働者を雇用する場合には、上記の事項に加えて、①昇給の有無、②退職手当の有無、③賞与の有無、④相談窓口についても、文書または電子メールなどによって明示することが必要です。

■固定残業代制導入の注意点

最近は、人手不足などから、労働者の残業時間の増加に頭を悩ます企業も多いようです。そこで、導入する企業が増えているのが固定残業代制です。たとえば、月に30時間の残業が見込まれる場合に、毎月30時間までは残業手当を固定金額にする制度です。その月の残業時間の有無を問わず30時間分の残業手当を支払い、

30時間を超えた場合は超えた分を追加で支払います。

ただし、固定残業代制を導入する場合は、就業規則などに固定残業代制を採用する旨と、何時間分の残業手当を支払うのかを明記して、基本給と固定残業手当を明確に区別する必要があります。それを怠ると固定残業手当が基本給に含まれて、残業手当の計算基礎になってしまいます。

さらに、2015年の若者雇用促進法の施行に伴い、固定残業制を採用する企業は、労働者の募集・採用に際して、①固定残業代の金額、②その金額に充当する労働時間数、③固定残業代を超える労働を行った場合は追加支給する旨を明示することが義務付けられています。

そのため、現在では①～③を遵守しない求人広告（ハローワークの求人票を含む）の掲載は拒否されますので注意が必要です。たとえば、固定残業手当を基本給に合算して表示するだけの求人広告は拒否されます。

また、求人広告（求人票）に書いてあった給与より低い場合はトラブルになり、広告会社やハローワークに通報されるケースもあります。このような通報を受けると、事実関係を確認した上、法令違反が認められると求人広告を受け付けてもらえなくなることもあります。

労働者に明示する労働条件

書面で明示しなければならない労働条件	● 労働契約の期間に関する事項 ● 期間の定めのある労働契約を更新する場合の基準に関する事項 ● 就業場所、従事すべき業務に関する事項 ● 始業・終業の時刻、所定労働時間を超える労働の有無、休憩時間、休日、休暇、交替勤務制の場合の交替に関する事項 ● 賃金(※)の決定・計算・支払の方法、賃金の締切・支払の時期、昇給に関する事項 ● 退職・解雇に関する事項
右に示した事項を使用者が定めている場合には明示しなければならない労働条件	● 退職手当の定めが適用される労働者の範囲、退職手当の決定・計算・支払の方法、退職手当の支払の時期に関する事項 ● 臨時に支払われる賃金（退職手当を除く）、賞与・賞与に準ずる賃金、最低賃金に関する事項 ● 労働者の負担となる食費、作業用品などに関する事項 ● 安全、衛生に関する事項　● 職業訓練に関する事項 ● 災害補償、業務外の傷病扶助に関する事項　● 表彰、制裁に関する事項 ● 休職に関する事項

※ 退職手当、臨時に支払われる賃金、賞与などを除く

相談 身元保証契約

Case 知人が企業に就職するにあたり、身元保証人になるように頼まれました。身元保証契約を結ぶと、どのような責任を負いますか。

回答 入社時には、会社のルールに則って業務に従事することを約束する「誓約書」と、不正があったときなどには損害賠償などの保証人となることを明記した「身元保証書」、資格を所持している証明となる「資格証明書」などを提出してもらうケースもあります。

「身元保証書」は、社員の保証人と会社の間で交わされる契約書です。身元保証契約は労働契約に伴い、労働者が不正行為をして使用者に損害を与えたときに、使用者（会社）に対し、身元保証人が損害賠償をするというものです。身元保証書を交わす意義は、もし身元保証をする相手が会社に対して損害を与えた場合、身元保証人が連帯してその責任を負うということを文書で示すことにあります。

労働契約を結ぶにあたっては、使用者の立場の方が一般的に強いので、会社が身元保証を要求するケースは多いといえます。身元保証は具体的な債務の保証でないため軽い気持ちで応じてしまうことも多いようです。

しかし、身元保証人になると、保証契約した時点では、将来いくらの損害賠償責任を負わされるのかわからないため、きわめて不安定な立場に置かれます。また、負わされる責任も、時として予想もしていなかったような高額になることもあります。

そこで「身元保証に関する法律」が制定されました。身元保証人の責任は、①身元保証をする期間の定めがないときは3年、②期間を定めたときでも5年を超えることはできない（更新もできますが、更新後の期間の定めも5年を超えることができない）とされています。

なお、以下の場合には、使用者はなるべく早く、身元保証人に通知をしなければなりません。

・労働者に業務上不適任または不誠実な事跡があり、そのため身元保証人の責任を生じるおそれがあることがわかったとき

・労働者の任務または任地を変更し、そのため身元保証人の責任を加重し、または監督を困難にするとき

　身元保証人は、以上の通知を受けた時または以上の事実を知った時は、将来に向かって身元保証契約の解除をすることができます。

相談　副業と禁止規定

Case　正社員として勤務する一方で、副業としてアルバイト勤務を行おうと検討しています。正社員の副業は認められるのでしょうか。

回答　本業とは別に、アルバイトとして飲食店で勤務するなどといった他にも、最近では、インターネットの広告などで「副業で年収アップ」「週末起業」といった内容を目にすることがあります。実際にインターネットを用いて副業ができるブログの作成などの場合には、副業を行う際に、労働者の負担は小さく、また、「収入が増やせる」と聞けば、興味を持つ人も多いのではないでしょうか。ワークシェアリングなど雇用形態が多様化する中で、賃金が減少する労働者にとっては、生活のために副業をする必要が出てくる場合もあるでしょう。ただし、場合によっては、社会保険料の取扱いなどが複雑になるケースもあるため、副業を行う労働者は注意が必要です。

　一方で、「正社員になれば副業は原則禁止じゃないの？」と疑問に思う人も多いのではないでしょうか。実際、就業規則において正社員の副業を「原則禁止」または「会社の許可が必要」と規定している企業は多いようです。ただ、憲法では「職業選択の自由」を謳っています。それを考えると、就業時間外の副業まで会社が制限するのは行きすぎのようにも思われます。

　我が国の法令上、副業禁止が明記されているのは公務員だけで、民間企業に勤務する労働者の副業を禁じる規定はありません。労働基準法に副業を禁止する規定がないということは、意外に知らない人が多いかもしれません。むしろ副業を全面的に禁止することは、特別な事情がない

限り合理的ではないとする裁判例もあります。

　そのため、就業規則などで副業を禁止するかどうかは、基本的には会社しだいといえます。会社の承諾を得ないで、副業として他人に雇われる（アルバイトなど）場合や、労働者自身が事業を営むことで、会社に不利益を与えることを嫌う会社の中には、就業規則などで副業を懲戒就事由に記載している企業もあります。副業の全面的な禁止は許されないと考えられる一方で、就業規則に副業禁止を盛り込むことを認めないという法律も、今のところ存在しないからです。

　会社側が副業を禁じる理由としては、「副業をすると、疲れがたまって本業に支障をきたす」「副業先で本業の情報が漏えいするおそれがある」「残業や休日出勤ができなくなる」などが挙げられます。副業禁止の就業規則を破って、会社側から懲戒処分（懲戒解雇処分など）を受けた労働者が、会社を相手取って提訴した訴訟においても、上記のような理由で会社に損害を与えたり、労務の提供に支障が生じるとして、会社側の正当性を認めた裁判例もあります。

　たとえば、深夜にまでわたる長時間の副業のために、本業である会社に対する勤務に支障が生じる場合には、会社が副業を行う労働者に懲戒処分を行うことが認められています。また、副業として労働者が働いている場所が、会社の競業他社にあたる場合には、副業を行うことで、実質的に会社に対する背信的行為を行っていると同視できるため、会社が懲戒処分を行うことが許されると判断されたケースもあります。

　ただし、副業によって会社に対して不利益が生じるとはいえない場合には、基本的には、労働者の副業は懲戒事由にあたらないと考えられます。したがって、副業禁止の就業規則を規定していれば、それに違反した労働者をすべて懲戒処分にできるわけではありません。

　また、副業を行う際に、会社に許可や届出を義務付けている会社も存在します。この場合には、会社としては副業の是非を判断でき、労働者は手続を踏めば懲戒処分を恐れず副業を行うことができるという、両者にとってのメリットがあります。

2 契約期間の定めにもルールがある

契約期間の上限は原則として3年である

■契約期間の定めのある場合

契約期間の定めがない労働契約（無期労働契約）の場合、使用者は、合理的理由と社会通念上の相当性がなければ労働契約を解除（解雇）できません。逆に、労働者から無期雇用契約を解除する場合は、理由がなくても使用者に対し2週間前に解約の通知をするだけでよいのです。

これに対し、契約期間の定めのある場合（有期労働契約）は、契約期間中は使用者からも労働者からも労働契約を解除（解雇・解約）できないのが原則です。例外的に、やむを得ない事情や双方の合意があれば解除できますが、そうでなければ損害賠償を支払う必要がでてきます。

なお、後述するように3年を超える契約期間を定める有期労働契約は原則として許されません。また、有期労働契約の契約期間が過ぎた後も労働者が労働を継続し、使用者側も異議を述べない場合には、労働契約はそれまでと同じ条件で更新されたと推定されます（黙示の更新）。もっとも、更新後は無期労働契約に変わると解するのが裁判例の傾向です。

■契約期間の上限

有期労働契約の契約期間は、原則として3年が上限です。ただし、厚生労働省が認める高度な専門技術を有する労働者の場合、または満60歳以上の労働者の場合は5年が上限となります（労働基準法14条）。「高度な専門技術を有する労働者」とは、主に以下の者のことを指します。

① 博士の学位を有する者
② 公認会計士・弁護士・税理士・社労士・医師などの資格を有する者
③ システムアナリスト資格試験合格者、またはアクチュアリーに関する資格試験合格者
④ システムエンジニアとして5年以上の実務経験を有するシステムコンサルタントで、年収が1075万円以上の者

なお、上記の高度な専門技術を有する労働者と満60歳以上の労働者を除いて、1年を超える契約期間で働

いている有期労働者は、労働契約の期間の初日から1年を経過した日以後は、使用者に申し出て、いつでも退職可能です（労働基準法137条）。

無期転換ルールと特例

無期転換ルールとは、有期労働契約の更新が繰り返し行われ、通算の契約期間が5年を超えた場合において、労働者側が申込みをしたときは、自動的に有期労働契約が無期労働契約に転換されるものです。無期労働契約に転換した際の労働条件は、原則として、有期労働契約を締結していたときと同様です。

実務上は契約社員やパート社員との間で契約更新を繰り返すケースがあるため、人事担当者は「5年を超えるかどうか」という点に注意する必要があります。上記の無期転換ルールには、以下の特例があります。

① 研究者に対する特例

研究に携わる専門家に対する無期労働契約への転換期間に特例を設け、日本の研究開発能力の強化と効率性に配慮しています。対象となる専門家は、大学や研究開発法人の教員や研究者、技術者、リサーチアドミニストレータなどです。これらの専門家が大学や研究開発法人、研究機関などと有期労働契約を締結した場合、専門家の申し出により無期労働契約に転換が可能になるまでの期間は10年とされています。

② 特別措置法による特例

有期労働者が高度な専門技術を有する者（前ページ）や継続雇用制度の高齢者（56ページ）である場合、一定期間内は無期労働契約への転換申込権が発生しないという特例が設けられています（都道府県労働局長の認定が必要です）。

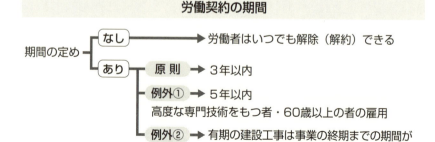

労働契約の期間

3 試用期間について知っておこう

試用期間後の本採用拒否は解雇と同じ

14日以内なら解雇予告が不要

正規従業員（正社員）を採用する際に、入社後の一定の期間（通常は3か月程度）を、人物や能力を評価して本採用するか否かを判断するための期間とすることがあります。これを**試用期間**といいます。

試用期間を設けるにあたって注意しなければならないことがあります。それは「試用期間〇か月」などと明確に示して雇用契約を締結しても、法律上は本採用の雇用契約と同じように扱われるということです。本採用の雇用契約と同等である以上、本採用の見送りは解雇と同じとみなされるので、解雇予告（203ページ）など解雇の手続きに沿って行う必要があります。

ただ、労働基準法21条は「試の使用期間」（労働基準法21条で定められている解雇予告が適用されない試用期間）中の者を14日以内に解雇する場合には、通常の解雇の際に必要とされる「30日前の解雇予告」または「解雇予告手当金の支払い」をしなくてもよいと規定しています。つまり、試用期間の開始から14日以内の解雇は、通常の解雇として扱わないということです。

この「14日」は暦日でカウントしますので、土日や祝日も含めることに注意が必要です。

試用期間は原則として延長できない

試用期間中は解雇権が留保されているため、労働者の地位は不安定です。そのため、不当に長い試用期間を想定することは許されず、原則として試用期間の延長は認められません。試用期間の長さは3か月から6か月程度が妥当なところです。

ただ、労働者が試用期間の大半を病欠した場合など、特別な事情があって、労働者も同意しているのであれば、試用期間が延長されることもあります。試用期間の延長があり得る場合は、その旨や延長を認める条件を就業規則に定めておく必要があります。

試用期間以外の方法もある

「試しに雇用してミスマッチを防ぎたい」という場合に採る手段としては、契約を2回締結するということが考えられます。たとえば、まず3か月など短期間の契約で実際に職場に入ってもらい、実務に対する能力やコミュニケーション能力といったことを見きわめます。その期間の満了後に改めて本採用するかどうかを判断するわけです。

この場合の短期間契約の種類としては、次のようなものがあります。

① 有期労働契約

求職者と会社が直接、短期の労働契約を締結し、本採用する際に再度期間の定めのない労働契約(無期労働契約)を締結する方法です。

② 紹介予定派遣

紹介予定派遣とは、派遣された労働者が派遣先の会社の労働者として雇用されることを予定して実施される派遣労働です。派遣会社に登録された人を6か月以内の一定期間派遣してもらい、派遣期間の終了時に本人と会社双方で話し合って直接雇用をするかどうかを決めます。

この場合、最初は派遣会社と会社の間で派遣契約を締結し、直接雇用の段階になって本人と会社が労働契約を締結することになります。

③ トライアル雇用

就職が困難な求職者を、ハローワーク・紹介事業者等の紹介により雇い入れて試行雇用(トライアル雇用)する制度です。試行雇用期間は原則として3か月です。要件を満たすトライアル雇用を実施した事業主に対しては、奨励金(トライアル雇用奨励金)が支給されます。

④ インターンシップ

新卒採用前よく利用されます。ミスマッチがないようにするために、どのような職業経験を体験してもらうか、あらかじめ準備・検討しておくことが大切です。

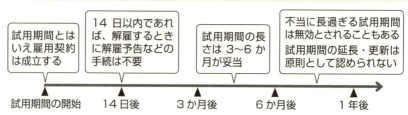

試用期間を設定する上での注意点

4 不採用や内定取消をめぐる問題点について知っておこう

内定取消の理由によっては無効となる場合がある

内定とは

内定（採用内定）とは、一般に会社が学生に採用内定通知書を交付し、学生が誓約書（次ページ図）などの承諾書面を会社に提出することで成立した、解約権留保付きの労働契約のことをいいます。解約権留保付きとは、内定から入社までの間に大学を卒業できないなど、一定の事情がある場合には、会社が学生の内定を取り消すことができるということです。

ただし、内定をもらった学生は、就職活動をやめるのが通常であることから、後日会社側から理由なく内定を取り消されると、その精神的苦痛や財産的損害は計り知れないものとなります。ですから、会社は学生に内定を出した後は、後述するように合理的な理由もなく勝手に内定を取り消すことはできません。もっとも、会社が出した「内定」が解約権留保付きの労働契約または労働契約の予約という程度に達していない場合は、内定取消を理由に不法行為に基づく損害賠償を請求できるだけです。

反対に、採用内定を受けた学生側が採用を辞退した場合には、企業側から損害賠償などの請求を検討することもあります。もっとも、内定によって労働契約の成立は認められると考えられますので、内定者は、原則として2週間の予告期間を置けば、それ以後は任意に解約することができます。しかし、会社側が内定辞退によって、具体的な損害が発生したことを証明できる場合には、不法行為や債務不履行に基づき損害賠償請求を行うことが認められるといえます。

採用内定に関する法律問題は、一般には大学などの新規卒業者と使用者との間で発生するということができます。しかし、中途採用者との間でも、同様の問題が起こる可能性はあります。そこで、実際の裁判例においても、中途採用者の内定取消をめぐる問題について、新規卒業者と同様に解約権留保付きの労働契約の成立が認められたケースも存在しますので、注意が必要です。

内定取消が無効になる場合

会社は、応募者の中から採用を決めた学校卒業予定者に対し、採用内定通知を出すのが通常です。誓約書の提出を求める企業もあるでしょう。志望する会社から内定を受けて就職活動を中止すれば、以降は他の会社に採用される途は極めて制限されます。

また、内定者に対し会社の研修への参加を求めることがあります。参加が実質的に強制されているような場合には、研修期間は労働基準法上の「労働時間」となるため、入社日前でも賃金の支払が必要です。

内定者と会社との間には、前述のように「解約権留保付きの労働契約」が成立していると考えられています。つまり、「学校卒業後、予定された入社日から働く」という内容の労働契約が成立していますが、採用内定通知書や契約書に記載された一定の取消事由が生じた場合は、使用者側から解約（内定取消）ができるという解約権が留保されています。

しかし、内定の取消は他社への就職のチャンスを奪い、学生に大きな財産的損害や精神的苦痛を与えます。ですから、内定取消をするには、客観的に合理的な理由があり、社会通念上是認できるものでなければならず、そうでない内定取消は無効となります。

内定を通知した学生に記載させる誓約書のサンプル

誓 約 書

△△△△株式会社　代表取締役社長　〇〇　〇〇　殿

この度貴社に従業員として入社するにあたり、次の条項を誓約し厳守履行いたします。

1　貴社就業規則および服務に関する諸規定・諸命令を堅く遵守し誠実に勤務すること
2　先に提出した履歴書および入社志願書の記載事項は真実に相違ないこと
3　貴社従業員としての対面を汚すような行為をしないこと
4　故意又は重大な過失、その他不都合な行為によって貴社に損害をおかけしたときはその責任を負うこと

平成　　年　　月　　日

現住所　東京都世田谷区〇〇町1丁目1番1号
氏　名　〇〇　〇〇　㊞
昭和〇〇年〇月〇日生

内定取消ができる場合

どんな場合に内定を取り消すことができるのでしょうか。抽象的に言えば、会社と内定者との間の信頼関係を破壊するような事実が内定者に起こったときや、著しい経済事情の変動があった場合があてはまります。

たとえば履歴書に事実と違うことを書いても、それが仕事の適格性とまったく関係なければ、それを理由に取り消すことはできないとされます。逆に、たとえば外国語の文書を扱う部署で語学力をあてにして採用するときのように、その人の特殊な技能を見込んで採用したのに、その技能についての経歴がまったくのウソであった場合には、内定を取り消すことができるといえます。

では、内定当時より会社の経済事情（景気）が悪くなったことを理由とする内定取消は可能でしょうか。

そもそも内定後の短い期間に会社の経済事情が悪くなったというのは、経営者の予測判断に誤りがあったということができます。よって、予測できない著しい経済事情の変動がない限り、内定者の内定取消は無効になると考えられます。

最高裁判所の判例では、大学生が卒業の直前に内定を取り消された事案について、採用内定によって解約権留保付きの労働契約が成立したものであって、内定取消事由は内定当時知ることができなかった事実であることを要し、合理的な理由があって、社会通念（社会常識）上相当と認められる場合の他は、内定取消はできないと判断しています。

具体的には、成績不振により大学の卒業時期が延期になった場合、健康状態が著しく悪化した場合、有罪判決や起訴猶予処分を受けるなど一定の刑事手続が行われた場合などは、内定取消の合理性・相当性が認められます。

なお、内定時に労働契約の手続きがすべて終わり（解約権を留保しない）、卒業を単純な条件とした場合には、その条件が成就したとき（卒業したとき）に労働契約が完全に効力を生じます。

内々定とは

内々定は、会社における採用の実務において、一般的に行われているものです。採用担当者などが、学生に対して、「もう他の会社を受けなくてもいいですよ」などと、明確な形をとらずに、暗に採用の通知を行うものです。

このため、内々定と内定とは、法律的に見て大きな違いがあります。内定の場合には、すでに労働契約が成立しているため、会社が内定を取り消すとすれば、それは「解雇」にあたります。学生は、会社に対して、労働契約の存在を申し立てる（訴訟を提起する）ことが可能ということになります。

一方、内々定の場合は、労働契約の成立が認められていないため、学生の側が内々定の取消について訴訟を起こしても、労働契約関係を主張することはきわめて困難だと考えられます。

内々定を取り消された場合は

判例では、内々定により労働契約は成立せず、内定と内々定は明らかに性質が違うものであるとしています。しかし、その一方、「内々定取消は、労働契約締結過程における信義則に反し、原告（内定者）の期待利益を侵害するものとして不法行為を構成するから、被告（会社）は原告が採用を信頼したために被った損害を賠償すべき責任を負うというべきである」として、内々定の取消について、会社側に責任があるとする判断を行い、労働契約が確実に締結されるだろうと考えた内定者の期待は保護に値するとしています。

契約交渉を行っている当事者の間には、原則として、何らの権利義務関係もないはずです。しかし、契約締結までの準備段階で、一方当事者の言動によって、契約を有効に成立すると信じた側が不相当な損害を被ることがあります。そのため、契約締結の交渉に入った当事者は、民法の信義則の定めに基づいて、お互いの利益に配慮し、相手方に損害を発生させないように行動する義務があり、その義務に違反した者は、契約が成立すると相手方が信じたことによる損害を賠償する責任があるものとされています。これは契約締結上の過失と呼ばれるものです。

内定式の直前に突然内々定を取り消した上に、採用方針の変更などについて十分な説明も行わないなど、会社が内定者に対する配慮に欠いた対応を行った場合には、契約締結上の過失が認められ、損害賠償責任を負う可能性が高いことに留意する必要があります。

相談 本採用前のインターンシップをめぐる問題

Case 学生が行っているインターンシップとは、どのようなものでしょうか。インターン生は労働者にあたるのでしょうか。

回答 インターンシップは、学生側からすると、就業経験を積み、職業意識を高めるための企業内研修ということになります。一方、企業側のメリットとしては、企業イメージの向上の他、新入社員教育への応用、入社後の企業と社員（入社する学生）のミスマッチの回避などがあります。

インターンシップは、様々な観点から種類分けができますが、以下の4つのタイプに分けて考えてみましょう。

① **企業PRタイプ**

インターンシップ受入企業として、企業の認知度を高め、企業のイメージアップを図るために行うものです。

② **実務実習タイプ**

主に医療・福祉関係の大学において、教育課程の一環として行われている実際の現場での教員免許取得のための実習や、研究・開発の実習などがあります。

③ **職場体験タイプ**

実際の職場での就業体験を通じて、学生の職業観の確立を支援するものです。

④ **採用活動タイプ**

インターンシップ自体が採用活動につながっているものです。

● 「労働者」にあたるのか

インターーシップの法的な問題は、インターンシップを行っている学生（インターン生）が、労働基準法上の「労働者」にあたるのかどうかという点にあります。厚生労働省の通達によると、その判断基準を次のように示しています。

・見学や体験的なもので、業務に係る指揮命令を受けていないなど、使用従属関係が認められない場合は労働者に該当しない。

・直接生産活動に従事するなど、その作業による利益・効果が事業場に帰属し、かつ、事業場と学生との間に使用従属関係が認められる場合は労働者に該当するものと考えられる。

つまり、企業がインターン生に対して指揮命令を行っている場合は、使用従属関係があるとされ、インターン生が労働者であると認められる可能性が高いということになります。労働者とみなされた場合には、労働基準法・最低賃金法などの労働関係の法律が適用されます。その場合、会社としては、インターン生に対して、賃金の支払いや労働時間に応じた割増賃金の支払いが義務付けられます。

もし、インターン生が労働者とみなされる可能性のある研修を行う場合には、インターン生と労働契約を取り交わした上で、労働関係の法律に基づいて適切に実施する必要があります。

相談　入社前研修

Case 入社前研修は強制できるのでしょうか。参加した内定者の適性に問題がある場合や不参加の内定者に対し、内定の取消や入社後に不利益な取扱いをすることはできるのでしょうか。

回答 内定段階の時期は、会社側から見ると、内定者に対して労務の提供を求める権利は確保しているものの、その権利を行使できる時期（入社日）には至っていない状態です。この時期に、会社は、内定者に対して研修を強制することができるのでしょうか。

近時の判例によると、内定段階であっても解約権留保付きの労働契約は成立しているが（47ページ）、始期まではその効力が発生していないため（労働契約の効力が発生する「始期＝入社日」です）、会社側が入社前研修を強制的に命じることはできないとされています。

したがって、会社が入社前研修を行おうとするときは、内定者の同意の下に実施しなければなりません。この自由参加の原則に反し、会社が参加を実質的に強制しているような場合には、内定者に対し研修時間に

応じた賃金支払義務が生じます。また、入社前研修に参加しなかった内定者に対し、内定の取消や入社後に不利益な取扱いをすることは許されません。これは内定者に対し入社前研修について賃金を支払う場合も同じです。

●能力や適性に問題がある場合

入社前研修に参加した内定者について、会社側から見たときに、入社後に自社の業務を遂行する能力や適性に欠けていると評価した場合には、どのように対処すべきでしょうか。たとえば、内定者に対して、「内定を辞退することも考えたらどうか」などと勧めることは許容されるのでしょうか。

近時の裁判例によると、内定者に対して、入社前研修の評価を理由に内定の取消を行ったり、内定辞退の強要を明示的または黙示的に行ったりすることは、合理性や相当性がないので許されないとしています。

したがって、会社としては、入社前研修の段階においては、内定者の能力や適性について問題があっても、入社前研修の成果を身につけ、入社後に成長していけるよう最大限サポートしていかざるを得ないといえます。

●内定辞退への損害賠償の請求

内定者の中には、入社直前になって内定を辞退する者もいます。会社としては、多大なコストがムダになるだけでなく、予定採用者数に欠けるときは、中途採用などのための新たな経費が必要になります。こうした会社が被った経済的損害の賠償を内定辞退者に対して請求できるのでしょうか。

近時の裁判例によると、会社としては、内定者が会社との信頼関係を破壊するような方法で内定辞退をした場合には、その内定辞退者に対して損害賠償請求できる可能性はありますが、実際に損害賠償が認められることはほぼないと考えておくべきでしょう。

Column

男女雇用機会均等法

　憲法14条は、法の下の平等を規定しています。これを受けて、労働基準法では、労働条件の差別的取扱いの禁止を規定しています（3条）。また、働く人が性別により差別されないようにするため、**男女雇用機会均等法**が定められています。男女雇用機会均等法は、性別による不当な差別の禁止とともに、男女がともに育児や介護について家族としての役割を果たしながら充実した職業生活を営むことができる環境を整備することも目的としています。たとえば、募集・採用の際に、その対象から男女のいずれかを排除することが禁じられます。また、一定の職務への配置について、その対象から男女のいずれかを排除することも禁止されます。

　この法律に違反した場合、直ちに是正が求められます。労働者と事業主との間で性別による差別に関する紛争が生じた場合、都道府県労働局長は、紛争解決に必要な助言・指導・勧告をすることができます。また、厚生労働大臣の是正勧告に事業主が従わないときは、その名称（会社名）を公表するという措置がなされる場合があります。さらに、紛争調整委員会に調停を申請することもできます。

　男女雇用機会均等法では、男性に対する差別も禁止されています。たとえば、事務職員は女性しか採用しないという会社もありましたが、今は女性のみに限定して募集を行うことができません。さらに、禁止される差別の種類にも注意する必要があります。募集や採用、定年などを性別により差別することが禁止されるだけではありません。降格、職種変更、雇用形態の変更（パートへの変更など）、退職勧奨、雇止め（労働契約の更新）についても、性別による差別が禁止されています。

　なお、男女雇用機会均等法に違反した場合の罰則として、厚生労働大臣に対する報告に関する規定に違反した場合（不報告または虚偽報告）には、20万円以下の過料が科せられます。

第3章

継続雇用・パート・派遣

1 継続雇用制度について知っておこう

継続雇用制度として再雇用制度の導入も可能である

高年齢者の雇用を確保する義務がある

　高年齢者雇用安定法（高年齢者等の雇用の安定等に関する法律）は、高年齢者の雇用の安定や再就職の促進などを目的とした法律です。①高年齢者の定年に関する制限（定年年齢を定める場合は原則60歳以上とする必要があります）、②高年齢者の雇用確保のために事業者が講じるべき措置、③高年齢者雇用推進者の選任、といった事項が定められています。特に、定年年齢を60歳未満として定めている就業規則が、原則として無効と判断されることに注意が必要です。つまり、就業規則に60歳未満の定めを置いていた場合には、労働契約において、定年制に関する効力は認められませんので、定年制に関する定めが存在しない労働契約として扱われるということです。

　医療技術の発展による長寿化と少子高齢化の加速とともに日本は世界でも未曾有の超高齢社会へと突き進んでいます。その勢いは、年金や医療などの社会保障制度を根底から脅かすほどのものです。このような状況の中、たとえば60歳で定年を迎えても、その後に何らかの職業に就かなければ生活できない状況になってきました。

　そこで、2006年4月に改正高年齢者雇用安定法が施行されました。改正の内容は、65歳未満の定年制を採用している事業主に対し、雇用確保措置として、①65歳までの定年の引上げ、②65歳までの継続雇用制度（高年齢者が希望するときは定年後も引き続き雇用する制度）の導入、③定年制の廃止、のいずれかを導入する義務を課すというものです。企業の実態として、これらの措置のうち、多くの企業が採用しているのが、②の65歳までの継続雇用制度です。

継続雇用制度とは

　すべての企業は、定年制を廃止するか、あるいは定年年齢を65歳以上とするのでなければ、継続雇用制度を導入する必要があります。継続雇

用制度とは、60歳となった労働者を再雇用する形で働かせ続けるか、60歳となっても引き続き勤務してもらう制度です。

継続雇用制度の具体的な内容は法令で定められているわけではなく、65歳まで雇用する形態については、法令に違反しない範囲で、各企業で自由に定めることができます。そのため、労働条件の引下げがまったく認められないわけでありません。たとえば、「57歳以降は労働条件を一定の範囲で引き下げた上で65歳まで雇用する」という制度も継続雇用制度の形態として認められます。

しかし、それ以前と比べて職務内容や配置などがほとんど変わっていないのに、賃金の上で大きな差が生じるなどという場合には、不合理な労働条件として継続雇用制度の下で締結された契約が違法・無効と判断されるケースもあります。

その一方で、継続雇用制度の下で、以前とはまったく異なる職務や部署に配置することも、労働者自身にとっても負担であると同時に、会社にとっても生産性の低下などを招くおそれがあるため、適切な処遇が求められるといえます。

会社は、希望する労働者をすべて継続雇用する義務があり、会社が任意で継続雇用する労働者を選択することは許されません。ただし、継続雇用制度はあくまで希望者を継続雇用する制度ですから、労働者が本心から継続雇用を希望していないときは60歳で退職という取扱いをしてもかまいません。

2025年3月までの経過措置

2006年施行の改正高年齢者雇用安定法により、定年を65歳未満に設定している企業には雇用確保措置の実施が義務付けられました。大半の企業は継続雇用制度を導入することで対応していましたが、労使協定の中で雇用を継続する高年齢者の基準を定め、一部の高年齢者だけを選んで雇用を継続させるという取扱いが認められていたため、希望しても労働者が継続雇用されるとは限らないことが問題となっていました。

そのため、雇用が継続される高年齢者を労使協定により限定できるしくみが2012年8月の改正高年齢者雇用安定法により廃止され、2013年4月以降は、事業主は原則として、継続雇用を希望するすべての労働者を継続雇用の対象にしなければならなくなりました。

ただし、経過措置として、2013年3月31日までに労使協定を締結していることを条件に、その労使協定で定められた基準によって、年金を受給できる労働者について、継続雇用の対象から外す措置をとることが認められています。経過措置が認められるのは2025年3月までです。たとえば、2016年4月から2019年3月の間であれば、62歳から65歳までの者については、経過措置としての基準を適用できるため、労使協定により雇用継続のための基準を設定していれば、雇用継続する者を限定することが可能です（下図）。

これに対し、2013年4月以降は、新たに継続雇用制度の対象者を定めることが認められません。2013年4月より前に対象者を限定する基準を定め、労使協定を締結していない場合、会社は、同年4月以降は希望する労働者全員を継続雇用の対象としなければなりません。

どんな制度なのか

継続雇用制度には、再雇用制度と勤務延長制度の2つがあります。

・**再雇用制度**

再雇用制度とは、定年になった労働者を退職させた後に、もう一度雇用する制度のことをいいます。雇用形態は正社員、パート社員などを問いません。再雇用を行う場合には、通常は労働契約の期間を1年間として、1年ごとに労働契約を更新していきます。

・**勤務延長制度**

勤務延長制度とは、定年になった

経過措置のスケジュール

	年金の支給開始年齢	経過措置の適用が認められない労働者の範囲
2013年4月1日から2016年3月31日	61歳以降	60歳から61歳未満
2016年4月1日から2019年3月31日	62歳以降	60歳から62歳未満
2019年4月1日から2022年3月31日	63歳以降	60歳から63歳未満
2022年4月1日から2025年3月31日	64歳以降	60歳から64歳未満
2025年4月1日以降	65歳以降	60歳から65歳未満

※ 年金の支給開始年齢欄の年齢は男性が受給する場合の年齢を記載

労働者を退職させず、引き続き雇用する制度のことをいいます。再雇用制度と継続雇用制度とは、定年に達した労働者を雇用するという点では共通しています。再雇用制度は、雇用契約をいったん解消してから労働者と改めて雇用契約を締結するのに対して、勤務延長制度では今までの雇用契約が引き継がれるという点に、両者の違いがあります。

再雇用制度導入の手続き

特に決まった形式があるわけではありません。就業規則の変更を届け出ることや、労働協約を結ぶなどして、再雇用制度を導入することが可能です。労働者と企業とが定年後に雇用契約を締結するというシステムを導入することが、再雇用制度導入の手続きになります。

勤務延長制度導入の手続き

勤務延長制度の導入についても、特に決まった形式があるわけではありません。労働者と企業との間の労働契約を60歳以降も延長するというシステムを導入することが、勤務延長制度導入の手続きになります。

事務手続上の問題はあるのか

企業は、原則として、60歳で定年になった希望する労働者を雇用し続ける義務がありますが、定年となった日の翌日から雇用しなければならないわけではありません。事務手続上の理由がある場合には、労働者が定年となった後に雇用していない期間が生じても、それが直ちに違法となるわけではありません。ただし、合理的な理由なく会社の一方的な都合で、長期間雇用の空白期間を生じさせることは許されません。

継続雇用制度と一定の労働者の除外

継続雇用する労働者の限定

- 就業規則に定める解雇事由や退職事由に該当する場合
  - 心身の故障のために業務を遂行できない
  - 勤務状況が著しく悪く従業員としての職責を果たし得ない
  - 労働者の勤務状況が著しく悪い　　など

- 2013年3月までに締結した労使協定で、継続雇用制度の対象者を限定する基準を定めていた場合

なお、2013年4月からは、従来認められていた労使協定による継続雇用する高年齢者の限定が認められなくなりましたが、従前の基準を経過措置として引き続き使用する場合であっても、年金を受給できない年齢の高年齢者には経過措置を適用できず、希望者全員を再雇用しなければなりません（58ページ図）。

異なる企業での雇用も認められる

高年齢者雇用安定法では、一定の条件を満たした場合には、定年まで労働者が雇用されていた企業（元の事業主）以外の企業で雇用することも可能です。その条件とは、定年まで労働者が雇用されていた企業と定年後に労働者が雇用されることになる企業とが実質的に一体と見ることができ、労働者が確実に65歳まで雇用されるというものです。

具体的には、①元の事業主の子法人等、②元の事業主の親法人等、③元の事業主の親法人等の子法人等（兄弟会社）、④元の事業主の関連法人等、⑤元の事業主の親法人等の関連法人等で雇用することが認められます。①～⑤を特殊関係事業主（グループ会社）といいます。

他社を自己の子法人等とする要件は、当該他社の意思決定機関を支配しているといえることです。たとえば親法人が子法人の議決権の50％超を保有していれば、親法人を定年退職した労働者を子法人で継続して雇用できます。

グループ会社（特殊関係事業主）での継続雇用は、高年齢者雇用安定法で認められた範囲であれば、遠隔地にある会社だとしても、それだけで高年齢者雇用確保措置義務違反になることはありません。

指針で運用が定められている

2012年8月の改正高年齢者雇用安定法に伴う、事業主が講じるべき高年齢者の雇用確保の実施と運用について、指針が定められています。

継続雇用制度を導入する場合には、希望者全員を対象としなければなりません。ただ、指針では、就業規則に定める解雇事由や退職事由に該当する者（心身の故障のために業務を遂行できないと認められる者、勤務状況が著しく悪く従業員としての職責を果たし得ない者など）については、継続雇用をしないことが認められています（前ページ図）。

2 外国人雇用について知っておこう

雇う前に知っておかなければならないことをつかむ

在留資格は28種類ある

　労働法上の取扱いで国籍に基づき、つまり日本人であるか外国人であるかによって、異なる取扱いをする合理的理由は存在しないと考えられています。たとえば、労働基準法3条は使用者に対して国籍に基づく差別を禁止しています。ただし、外国人が日本で就労するためには、一定の**在留資格**を持っていることが必要です。在留資格とは、外国人が日本に入国や在留して行うことができる行動などを類型化したものです。2018年7月現在は28種類あり、これに該当しなければ90日を超える滞在は認められません。

　外国人留学生を雇用する前提として知っておくべきことは、日本で就労できる外国人は「高度な専門的能力を持った人材」に限られているという点です。具体的には、芸術、報道、研究、教育、技術、介護（2017年9月に追加）、興行、技能、技能実習などに限定されています。

就労が認められる主な在留資格

在留資格	内　容	在留期間
教育	教育機関で語学の指導をすること	5年、3年、1年または3か月
医療	医療についての業務に従事すること	5年、3年、1年または3か月
興行	演劇やスポーツなどの芸能活動	3年、1年、6月、3月または15日
法律・会計業務	外国法事務弁護士、外国公認会計士などが行うとされる法律・会計業務	5年、3年、1年または3か月
技術・人文知識・国際業務	理学・工学・法律学・経済学などの知識を要する業務	5年、3年、1年または3か月
報道	外国の報道機関との契約に基づいて行う取材活動	5年、3年、1年または3か月

外国人の就労資格の有無については、在留カードによって確認することができます。在留カードは、主に就労目的で中・長期間に渡り在留する外国人に対して交付されますので、観光目的などで来日した外国人に対しては、交付されません。

　また、「留学」の在留資格では、正規の就労を行えないので、在留資格を変更してもらう必要があります。留学生は本来、勉強を目的として在留するのであって、その在留資格に定められた活動しかできないからです。このように、適法な在留資格に基づかずに外国人を就労させるのは、不法就労活動にあたります。外国人が不法就労活動を行った場合には、その使用者についても、不法就労助長罪として3年以下の懲役または300万円以下の罰金に処せられる場合があることを認識しておく必要があります。

　特に注意が必要なのは、不法就労者であっても、他の「労働者」と同様に、労働基準法など各種の労働法上の規定が適用されるという点です。そのため、不法就労助長罪の成立とは別に、不法就労者であるからという理由で、労働条件などにおいて、他の労働者よりも劣悪な条件で雇っている場合には、労働基準法上の国籍に基づく不合理な差別にあたります。

　なお、留学の在留資格を持つ外国人がアルバイトなどの仕事に就く場合は「資格外活動許可」が必要です。資格外活動許可は、留学生などがアルバイトなどを開始する際に、入国管理局に申請することで取得可能です。資格外活動許可は「本来の活動の遂行を阻害しない範囲内」で許可されますので、労働できる場所や時間が制限されています。労働場所については、風俗営業等の場所での活動は禁止されています。労働時間については、留学生のアルバイトの場合は1週28時間以内（夏休みなど教育機関が長期休業中の場合は1日8時間以内）と設定されています。もし1週の労働時間がオーバーした場合は、オーバー分を翌週に回し、その分翌週の労働時間を減らすなどの調整が必要です。

残業代や最低賃金の支払について

　日本国内の企業に使用される労働者であれば、外国人労働者であっても労働基準法は適用されます。したがって、時間外・休日・深夜の各労働をさせた場合には、働いた時間に応じた割増賃金を支払わなければな

りませんし、時給（1時間あたりの賃金）が最低賃金を上回るようにしなければなりません。

労働条件通知書を作成しておく

外国人を雇用する場合にも、労働契約書（雇用契約書）、労働条件通知書、就業規則を整備する必要があります。厚生労働省から外国人向けの労働条件通知書のモデルも公開されていますので、これを参考に外国人向けの労働条件通知書を整備するようにします。労働契約書については、フルタイムの労働者として雇用する場合の契約書の他に、留学目的で来日した外国人留学生をアルバイトなどで雇用する場合の契約書を用意します。いずれの場合も契約書で在留資格に問題がないことを確認することが必要です。

　書式の整備後は募集と面接を行います。面接時には社会保険の加入に関しても説明しなければなりません。適用事業所に常用雇用されている限り、外国人も日本人と同様の扱いを受けます。外国人労働者の場合、保険料の負担を理由に加入したがらないことがよくありますが、面接時に必ず社会保険の説明を行い、加入させることが必要です。

外国人雇用状況届出制度とは

外国人労働者（特別永住者を除く）を採用したときや、その離職のときは、氏名、在留資格等をハローワークに届け出なければなりません。

雇用保険の被保険者の場合は、資格取得届、喪失届の備考欄に在留資格、在留期限、国籍等を記載して届け出ますが、その他の外国人労働者については外国人雇用状況届出書を提出します。

外国人雇用状況届出書は管轄のハローワークに、採用（雇入れ）、離職の場合ともに翌月末日までに提出します（たとえば、10月1日の雇入れの場合は11月30日まで）。添付書類として、①外国人登録証明書またはパスポートや②資格外活動許可書または就労資格証明書が必要です。

なお、留学生が行うアルバイトも届出の対象となります。届け出る際には資格外活動の許可を得ていることを確認しなければなりません。

一般に外国人であると判断できるにもかかわらず、在留資格の確認をしないで、在留資格がない外国人を雇用すると罰則の対象になります。

3 パートタイマーを雇う際にこれだけはおさえておこう

パートタイマーの保護を目的とした法律もある

パートタイマーとは

パートタイマー(パートタイム労働者またはパート社員ともいう)とは、どのような労働者をさすのかについて、法律や役所の調査によって定義の仕方が異なるようですが、大まかにいうと、雇用期間の定めがあり、正社員と比べて短い労働時間(少ない労働日数)で働く人がパートタイマーである、と解釈すれば間違いにはならないようです。

そして、パートタイマーをはじめとする短時間労働者の労働環境を改善すること(均衡待遇の確保など)を目的とする法律として「短時間労働者及び有期雇用労働者の雇用管理の改善等に関する法律」(パートタイム労働法)が制定されています。パートタイム労働法2条2項は、短時間労働者とは、「1週間の所定労働時間が同一の事業主に雇用される通常の労働者の1週間の所定労働時間と比し短い労働者をいう」と定義しています。つまり、無期雇用であるか有期雇用であるかを問わず、通常の労働者(正社員などフルタイムの無期雇用労働者)と比較したときに、所定労働時間の少ない労働者が短時間労働者に該当します。

このため、短時間労働者が常にパートタイマーを意味するとは限りませんが、一つの目安になるでしょう。なお、いわゆる疑似パートと呼ばれる労働者(正社員以外で1週間あたりの所定労働時間が正社員と同時間の労働者のこと)は、かつてはパートタイム労働法の適用対象外でしたが、後述のように有期雇用労働者であれば適用対象に含めることになりました。

労働基準法などの適用

労働基準法の「労働者」とは、職業の種類を問わず、事業または事務所に使用される者で、賃金を支払われる者のことです。パートタイマーも労働者に含まれますから、労働基準法の適用を受けます。また、労働基準法だけでなく、労働契約法、労働組合法、最低賃金法、労働安全衛

生法、労災保険法、男女雇用機会均等法など労働者に関する他の法律も適用されます。

パートタイム労働法

短時間・有期雇用労働者（短時間労働者と有期雇用労働者の総称のこと）を雇用する事業主に対して、短時間・有期雇用労働者の適正な労働条件の確保や福利厚生の充実などの措置を講ずることを求めるべく、労働基準法とは別に定められたのがパートタイム労働法です。

パートタイム労働法3条1項は、事業主の責務として、短時間・有期労働者の就業の実態などを考慮して、適正な労働条件の確保、教育訓練の実施、福利厚生の充実、通常の労働者への転換の推進に関する措置などを講じることによって、「通常の労働者との均衡のとれた待遇の確保等を図り、当該短時間・有期労働者がその有する能力を有効に発揮することができるように努める」ことを定めています。

なお、非正規労働者と正規労働者の間の不合理な待遇の格差などの是正を幅広く図るため、2018年成立のパートタイム労働法改正で、短時間労働者に加えて、同じく非正規労働者として扱われる「有期雇用労働者」もパートタイム労働法の適用対象に含めることになりました。つまり、短時間労働者と有期雇用労働者に対して、同一の保護を与えることが明らかにされるとともに、不合理な待遇の禁止や差別的取扱いの禁止が規定され、使用者が短時間・有期雇用労働者を雇用する際に従うべきルールが整備されることになります。これに伴い、法律名も「短時間労働者及び有期雇用労働者の雇用管理の改善等に関する法律」（パートタイム・有期雇用労働法）に変更されます。パートタイム労働法2条2項は、有期雇用労働者とは、「事業主と期間の定めのある労働契約を締結している労働者」と定義しているので、フルタイムの非正規労働者（契約社員など）も含まれることになります（2020年4月1日から施行されます）。

また、短時間・有期雇用労働者の適正な労働条件の確保と雇用管理の改善に関して、パートタイム労働法に基づき**パートタイム労働指針**を厚生労働省が策定しています。2018年7月現在、2018年成立のパートタイム労働法改正の施行に向けて、改正作業が進められています。

パート用就業規則を作成する

就業規則の具体的な内容については、法令や労働協約に反しない範囲内であれば、各事業所の事情に沿って自由に定めることができます。パートタイマーを対象とした就業規則（パート用就業規則）を作成する際にも、労働基準法はもちろん、労働契約法、最低賃金法、男女雇用機会均等法など、正社員に適用される法律は、原則としてパートタイマーも適用対象になります。

特にパートタイム労働法やパートタイム労働指針の内容をよく理解して、その内容に沿った就業規則を作ることが必要です。

その他、パート用就業規則を作成する際に注意すべき点としては、以下のようなものがあります。

① 正社員との違いを考慮する

正社員とパートタイマーは、労働時間や賃金体系が異なるのが一般的ですので、正社員用とは別に、パート用就業規則を作成してもよいでしょう。

② 対象者を明確にする

就業規則を複数作成する場合は、その就業規則を遵守すべき労働者が誰なのかを明確にしておく必要があります。雇用形態の違う労働者それぞれについて、別個の就業規則を作成する義務はないため、似たような労働条件である労働者については、同じ就業規則を使ってもかまいません。

なお、派遣社員は派遣元が雇用主ですから、実際に就業している事業場の就業規則の対象にはなりません。

③ パートタイマーの意見を聴く

パートタイマーが労働組合に加入していない場合や、その人数が少ない場合においても、パートタイマーの意見を反映するため、パートタイマーを対象とする就業規則を作成・変更しようとする際に、事業主は、事業所で雇用するパートタイマーの過半数を代表する人の意見を聴かなければなりません（パートタイム労働法7条）。

④ 正社員との均衡を考慮する

パートタイマーという雇用形態をとっていても、正社員と同等の労働時間、仕事内容で就業している場合は、できるだけ正社員としてふさわしい処遇をすべきです。事業主は、パートタイマーの賃金を決定するに際し、客観的な基準に基づかない事業主の主観や、一律に「パートタイマーの時給は○○円」と決定するのではなく、働きや貢献に応じて決定するように努めなければなりません（パートタイム労働法10条）。

4 パート、アルバイトの採用手続きについて知っておこう

パートタイマーなどの労働条件を明確にする

雇用管理の際の注意点

パートタイマーの雇用管理については、正社員の雇用管理と共通する部分と異なる部分があります。

・採用

事業主は、短時間・有期雇用労働者（65ページ）と労働契約を締結する際、労働基準法やパートタイム労働法に基づき、一定の事項を文書（労働条件通知書）で明示する義務がある他（38ページ）、短時間・有期雇用労働者の労働条件全般にわたる事項について、文書などを交付して明示するよう努める（努力義務）ものとしています（パートタイム労働法6条）。さらに、短時間・有期雇用労働者を雇い入れた事業主は、速やかに、賃金体系や教育訓練といった事項について説明することが義務付けられています（14条）。

・労働契約の期間

原則として、労働契約の期間は3年以内です（43ページ）。また、労働契約で更新の有無を明確にします。「更新する場合があり得る」とした労働契約で「更新しない」（雇止め）としたい場合には、30日前までにその意思を伝えなければなりません。

・勤務場所が変わる異動

勤務場所の変更を伴う異動は、長期雇用を前提とした正社員に適用される制度であって、パートタイマーにとっては本来予定されたものとはいえません。本人の同意を得られれば、事業場（事業所）内の異動に限るなど、正社員の異動とは異なる規定が必要となるでしょう。

・労働契約の解除（解雇）

契約期間中における使用者からの労働契約の一方的な解約を解雇といいます。パートタイマー、アルバイトといった契約期間のある労働契約（有期労働契約）は、「やむを得ない事由がある場合」でなければ、契約期間満了前に労働者を解雇できません（労働契約法17条1項）。

また、有期労働契約の契約期間満了時に、使用者が契約更新を拒絶することを雇止めといいますが、有期労働契約が何度も更新され、期間の

定めのない労働者（無期雇用労働者）と同視できる場合には、その後の雇止めが制限されることがあります（労働契約法19条）。これを雇止め法理といいます（31ページ）。

さらに、2018年成立のパートタイム労働法改正で、短時間・有期雇用労働者が通常の労働者（正社員など）との待遇差の内容・理由などに関する説明を求めたことを理由に、事業主が当該労働者を解雇することを禁止する規定が追加されました（パートタイム労働法14条3項）。

・賃金、賞与、退職金

ほとんどの企業において、パートタイマーの賃金は、正社員の賃金に比べて低く抑えられています。パートタイム労働法10条は、賃金の決定にあたり、通常の労働者との均衡に配慮して賃金の決定を行うことを事業主に対して求めています。もっとも、これは事業主に対する努力を求める規定（努力規定）です。常に同一でなければ無効になるわけではありませんが、パートタイム労働法では、短時間・有期雇用労働者に対する不合理な待遇の禁止（8条）、通常の労働者と同視すべき短時間・有期雇用労働者に対する差別的取扱いの禁止（9条）が規定されていることに注意が必要です。

なお、差別的取扱いの禁止については、適用対象になる短時間・有期雇用労働者が限定されており、通常の労働者と職務内容が同一で、雇用期間すべてに渡って職務内容や配置変更の範囲も通常の労働者と同一であることが見込まれる短時間・有期雇用労働者が対象になります。差別的取扱いの禁止については、賃金の他にも、労働者に行われる教育・訓練や、福利厚生、昇進に関する事項など、あらゆる労働条件について、その禁止の対象になることに注意が必要です。事業主が差別的取扱いを行ったと認める場合には、不法行為にあたり、パートタイム労働者から損害賠償請求を受けるおそれがあります。

また、賞与・退職金については、会社の業績などを考えて独自に判断します。賞与は支給するとしても少額で、退職金は支給しないことが多いようです。

・労働時間

パートタイム労働指針（65ページ）は、事業主に対して短時間労働者にできるだけ所定労働時間を超えて、または所定労働日以外の日に労働させないように努めることを求めています。所定労働時間を超える労働の

有無は、労働契約の締結の際に書面（労働条件通知書）で明示します。

パートタイマーに時間外・休日労働を要請する際は、そのつど事情を説明の上、個別的な同意を求める方法をとることが望まれます。

・年次有給休暇

パートタイマーにも年次有給休暇が与えられます。ただし、パートタイマーの所定労働日数が通常の労働者に比べて相当程度少ない場合、年次有給休暇は比例付与になります。

休暇に関する事項は、就業規則の絶対的必要記載事項ですので、年次有給休暇に関する条項をパート用就業規則に定めなければなりません。就業規則には比例付与の表を載せるか、単に年次有給休暇は労働基準法に従って付与すると規定するだけでもよいでしょう。

・健康診断

以下のいずれかにあたるときに限り、常時使用される労働者となるため、一般健康診断を実施する義務が生じます。

① 期間の定めのない労働契約により使用される者（期間の定めがある労働契約であっても、当該契約の更新により1年以上使用されることが予定されている者および当該労働契約の更新により1年以上引き続き使用されている者を含む）

② 1週間の労働時間数が当該事業場において同種の業務に従事する通常の労働者の1週間の所定労働時間の4分の3以上であること

短時間・有期雇用労働者の賃金と昇級・賞与を決定する際の考慮事項

賃金の決定	昇給・賞与の決定
◆ 経験・資格等 ◆ 会社の業績 ◆ 従事する仕事の内容 ◆ 近隣同業他社の相場 ◆ 労働力市場の状況 　　　　　　　　　　　　など	◆ 勤続年数 ◆ 会社の業績 ◆ 会社への貢献度 ◆ 知識・経験・技術の向上度合い ◆ 就業規則などによる取り決め 　　　　　　　　　　　　など

短時間・有期雇用労働者（パートタイマーなど）と通常の労働者（正社員）との待遇（基本給や賞与など）の相違は、①職務の内容（業務の内容、当該業務に伴う責任の程度）、②職務の内容の変更の範囲、③配置の変更の範囲、④その他の事情のうち、待遇の性質・目的に照らして適切なものを考慮して、不合理と認められる相違を設けてはならない（パートタイム労働法8条、2018年改正の内容）。

相談 パートタイム労働者の待遇の確保

Case パートタイマーに社会保険などは保障されますか。また、正社員との待遇の差はどの程度まで許されるのでしょうか。

回答 パートタイム労働法は、正社員と同視されるような短時間・有期雇用労働者について、待遇の差別的取扱いを禁止しています（9条）。また、正社員との待遇に差を設ける場合も、不合理な待遇は許されません（8条）。さらに、使用者は短時間・有期雇用労働者から雇用管理の改善等について、相談に応じなければなりません。

パートタイマーも一定の要件に該当すれば、労働保険や社会保険に加入する必要があります（下図）。労災保険は、事業所単位で強制加入ですので、パートタイマーも当然に適用対象です。雇用保険は、1週間の労働時間が20時間以上であるなどの要件を満たした労働者が被保険者になります。

社会保険は、原則として1週の労働日数と1か月の労働時間が正社員の4分の3以上の労働者が被保険者になります。従業員が常時501人以上の企業では、①1週の労働時間20時間以上、②月額賃金8.8万円以上（年収106万円以上）、③勤務期間1年以上（見込みを含む）、④学生でないこと、の要件を満たす労働者が被保険者になります。

パートタイマーと労働保険・社会保険の適用

保険の種類		加入するための要件
労働保険	労災保険	なし（無条件で加入できる）
	雇用保険	31日以上引き続いて雇用される見込みがあり、かつ、1週間の労働時間が20時間以上であること
社会保険	健康保険	1週間の所定労働時間および1か月の所定労働日数が正社員の4分の3以上であること
	厚生年金保険	※従業員数が常時501人以上の企業では加入条件が緩和されている（本文参照）

5 パート社員の雇止めについて知っておこう

5年間契約更新を続けたパート社員は無期労働契約への転換が可能

雇止めとは

　期間の定めのある労働契約（有期労働契約）において、契約期間の満了をもって労働契約の更新を拒否することを**雇止め**といいます。

　雇止めについては、更新による雇用継続を期待させる使用者の言動がある場合や、更新の手続きが形式的に行われていた場合、労働者に更新期待権が発生すると考えられ、更新拒否について雇止め法理(31ページ)が適用されることがあります。雇止め法理の適用を防ぐためには、少なくとも厚生労働省が示した以下の行為をしておくことが必要です。

① 労働契約締結時に、更新の有無や更新の判断基準を明示すること
② 1年を超えて継続勤務している従業員を雇止めするには、少なくとも30日前にその予告をすること
③ 雇止めの理由を明示するよう請求があった場合は、遅滞なく証明書を交付すること

　なお、会社は、労働者と有期労働契約を締結する際、契約期間や契約更新の回数を5年以内となるように定めた条件で契約することがあります。このような条件を**不更新特約(不更新条項)**と呼びます。

　会社としては、パート社員（パートタイマー）の入社時に不更新特約を盛り込んだ有期労働契約を結ぶことで、雇止め法理の適用を受けることなく、後述する無期転換ルールが適用される前に、契約不更新によって雇用関係を終了させることができる場合があります。なお、5年経過後に労働者が無期労働契約への転換を申し込まないことを条件に契約更新をすることや、無期労働契約への転換を申し込む権利を放棄させて有期労働契約を結ぶことはできません。

　もっとも、実務上は、単に契約書などで不更新特約を設けたとしても、常に雇止めが有効とはなりません。労働契約は会社と労働者との間に合意が必要なことは言うまでもありませんが、往々にして労働者は立場が弱いため、不更新特約が設けられている契約であっても、労働者側は合

意せざるを得ないことがあります。

このように、不更新特約による不利益な労働契約を締結せざるを得ない状況にあったと認められると、雇止めが客観的に合理性を欠くと判断され、最終的には裁判所で否定されることにもなりかねません。

そのため、契約前に不更新特約について十分に説明し、契約後も継続的に相談に応じるなどの配慮が必要です。不更新特約を盛り込んだ労働契約自体が有効としても、再就職のあっせん、慰労金の支払い、年休残日数への配慮を行うなど、会社はパート社員にも真摯に向き合い、無用なトラブルを防止しましょう。

無期転換ルールとは

2018年4月1日以降、同じ使用者との間で更新された有期労働契約が通算5年を超えた場合において、労働者からの申込みがあったとき、使用者は無期労働契約への転換が義務付けられています（44ページ）。これを無期転換ルールといいます。

有期労働契約で雇用されるパート社員は、期間満了時に継続して働き続けることができる保証がなく、不安定な地位にありました。しかし、5年間継続して同じ使用者との間で有期労働契約を更新した場合は、労働者からの申込みによって無期労働契約になるため、地位が安定して生活基盤を確保できるようになります。

一方、企業が無期転換ルールを回避するためには、前述した不更新特約に基づき、5年を経過する前に雇止めを行う方法が考えられます。しかし、雇止めが常に適法となるわけでなく、裁判所で無効と判断されるおそれもあることに留意が必要です。

「クーリング期間」について

無期転換ルールは、「通算して5年間」という通算契約期間の算定について例外が認められています。それは、有期労働契約の終了から次の有期労働契約の開始までの間（空白期間）が6か月以上の場合は「通算」が認められなくなるというものです。このときの空白期間を**クーリング期間**と呼んでいます。なお、クーリング期間の前の有期労働契約の契約期間が1年未満の場合には、その契約期間に応じてクーリング期間が6か月よりも短くなります。

もっとも、使用者がクーリング期間に関する規定の適用を受けるため、もとの有期労働契約の終了後、実質的に職務内容などが同じであるにも

かかわらず、派遣の形態に変更したり、請負契約の形式を装ったりする場合があります。この場合、形式的には6か月以上になるとクーリング期間が生じるように見えますが、これは使用者が無期労働契約への転換を嫌がり、無期転換ルールの適用を逃れるための潜脱行為だといえます。そのため、派遣や請負などを利用した潜脱行為があったときは、クーリング期間が発生せず、潜脱行為の期間を含めて、労働者は「通算して」雇用されていたと判断されると考えられています。

無期転換ルールの効果

無期労働契約への転換により、パート社員が無期雇用労働者になったとしても、それはパート社員が正社員になることを直ちに意味するものではありません。有期労働契約から無期労働契約に転換したとしても、契約期間以外の労働条件（職務の内容、勤務地、労働時間、賃金など）は、これまでの労働条件がそのまま引き継がれるからです。つまり、無期転換ルールの適用により、有期労働契約のパート社員から無期労働契約のパート社員に変更されます。

一方、無期労働契約に転換される際に、特別な事情がないにもかかわらず、これまでの労働条件を引き下げることはできません。むしろ、企業により若干の差はありますが、無期労働契約に転換されることで、これまで十分とはいえなかった有給休暇の取得や社会保険の加入等について、雇用体制が整備されることになります。

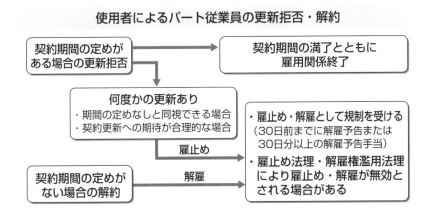

使用者によるパート従業員の更新拒否・解約

相談　パートタイマーの所得調整・年末調整

Case パートタイマーについて、どの程度の所得があれば、所得税が課されますか。また、年末調整のしくみを教えてください。

回答 会社員の妻がパートに出る場合、年収を気にして103万円以下になるように労働時間を調整することがあります。その理由は、年収103万円以下であれば本人の所得税が課税されず、夫の控除対象配偶者にもなれるためです。給与収入から控除される給与所得控除額が最低65万円、すべての人が対象となる基礎控除額が38万円であるため、年収103万円以下であれば所得が「ゼロ」になり、所得税が課税されません。なお、妻の年収が103万円を超えても夫は配偶者特別控除が受けられます。ただし、2018年7月現在の制度では、①配偶者控除や配偶者特別控除の額が年収1120万円超から段階的に減少し、年収1220万円超でゼロになる、②配偶者特別控除が配偶者の年収150万円まで配偶者控除と同額（38万円）となる（150万円超から減少して201万円超でゼロとなる）点に注意が必要です。

また、パートタイマー（パート社員）であっても、所得税を徴収されていた場合、年末調整（1年間に源泉徴収した所得税の合計額と本来の所得税額を一致させる手続）を行うことにより、源泉所得税の還付を受けることができます。

税金や社会保険に関する収入要件

	対象	制限の内容
100万円を超えると	住民税	保育園、公営住宅の優先入所、医療費助成などの自治体のサービスの一部が制限される
103万円を超えると	所得税	夫（妻）が所得税の配偶者控除が受けられなくなる ※「150万円以下」の場合は同額の配偶者特別控除が受けられる
130万円を超えると	社会保険	健康保険などの夫（妻）の被扶養者にはなれない ※常時501人以上の企業では「年収106万円以上」となる

6 労働者派遣のしくみをおさえておこう

派遣元、派遣労働者、派遣先の三者が関わる契約である

労働者派遣とは

派遣労働者（派遣社員）として働く場合、労働者と雇用主の二者ではなく、派遣労働者と派遣元（派遣会社）、派遣先（受入企業）の三者が関わります。このような雇用形態を**労働者派遣**といいます。労働者派遣は、労働者と雇用主の一対一の関係と異なり、労働者である派遣労働者を雇用している派遣元と、派遣社員が実際に派遣されて働く現場となる派遣先の三者が関わる雇用形態です。労働者派遣は三者が関わるため、正社員などの直接雇用と比べると複雑な雇用関係となります。

労働者派遣の場合は、派遣元と派遣労働者の間で雇用契約が交わされますが、派遣労働者が労働力を提供する相手は派遣先です。派遣先は、派遣労働者に対し業務に関連した指揮や命令を出します。派遣労働者に対する賃金は派遣元が支払います。

なお、派遣元と派遣先の間では、派遣元が派遣先に対して労働者を派遣する旨を約束した労働者派遣契約（派遣契約）が結ばれます。

労働者派遣は、基本的にはすべての業務について行うことができます。ただし例外として、港湾運送事業、建設事業、警備事業、医師や看護師などの事業については、労働者派遣を行えません。また、労働者派遣を行うことができる事業についても、日雇派遣（日々または30日以内の派遣のこと）は原則として禁止されています。

派遣労働者（派遣社員）とは

派遣労働者（派遣社員）は、ある会社（派遣元）に雇用されながら、他の会社（派遣先）での指揮命令を受けて労働する労働者のことです。そして、労働者派遣事業とは、派遣元で雇用する派遣労働者を、その雇用関係を維持したまま派遣先の事業所で働かせ、派遣先の指揮命令を受けて派遣先の労働に従事させる事業です。

派遣労働者の安全衛生については、派遣元が原則として責任を負います。

しかし、派遣労働者は派遣先で仕事をするので、派遣先が安全衛生につき責任を負うケースも多くなります。

派遣労働者は、①派遣先の規律を守ること、②派遣先の事業所の秩序を乱さないこと、③派遣先で政治活動などを行わないことが求められます。

特定労働者派遣事業の廃止

従来、労働者派遣事業は、①一般労働者派遣事業、②特定労働者派遣事業の2形態に分類されていました。派遣社員として働くことを希望する者がスタッフとして登録するのが、一般労働者派遣事業です。企業から派遣の要請があったときに派遣会社（派遣元）が適任と思われる登録スタッフを選んで派遣します。つまり、実際に派遣先へ派遣される期間だけ雇用契約を結ぶ形態を採るということです。一般労働者派遣事業を行うには厚生労働大臣の許可が必要で、最初の有効期間は3年間であると規定されていました。

これに対して、②の特定労働者派遣事業は、派遣元（派遣会社）がその企業内で常時雇用する者だけを派遣する労働者派遣事業を指していました。派遣労働者（派遣社員）は派遣先が決まっていない間も派遣会社（派遣元）に雇用されているので、一般労働者派遣事業よりも雇用の状態は安定しています。このため特定労働者派遣事業を行うには届出をするだけでよく更新も不要でした。

ところが、派遣労働者の常時雇用契約が条件のはずの特定労働者派遣事業において、数か月単位の有期雇用契約を繰り返す派遣会社がありました。そのため、派遣労働者の一層の雇用の安定・保護をめざして、特定労働者派遣事業を廃止し、統一的な派遣事業の健全化を目的として、2015年9月施行の改正労働者派遣法により、すべての派遣事業を許可制とし、労働者派遣事業の形態を一本化しました。特定労働者派遣事業であるか否かの判断は容易ではなく、労働者派遣事業の種類により、許可制であるのか届出制であるのかという、取扱いが異なることも複雑であったため、一本化してすべての労働者派遣事業について許可制を採用することで、しくみがわかりやすく整備されました。

一般労働者派遣事業と特定労働者派遣事業の区別とも関連して、従来は期間制限についても、複雑な制度が採られていました。後述するように、専門26業務（78ページ）につい

ては派遣期間（派遣可能期間）の制限がないのに対し、それ以外の業務の派遣期間については、原則1年(最長3年)の上限が存在するという制度が設けられていました。

2015年9月施行の改正労働者派遣法では、業種による区別を撤廃して、一部の例外を除いて、すべての業務に共通して、原則として3年が統一的な派遣期間の上限として設けられています。そして、派遣労働者の不安定な地位を解消するために、派遣元から雇用安定措置（派遣先への直接雇用の依頼など）が講じられるようになっています。

派遣期間の従来の規制

派遣労働者が派遣元との間で締結する派遣契約期間については、専門26業務以外では、派遣受入期間を超えることができませんでした。これに対し、従来は派遣受入期間の制限がなかった専門26業務では、派遣契約期間の上限を3年とする業務と、派遣契約期間の制限がない業務がありましたが、上限を3年とする場合であっても、契約の更新は禁止されていませんでした。

一方、派遣契約期間とは別に、労働者派遣には派遣期間（派遣可能期間）の制限があり、この制限にも従わなければなりませんでした。派遣先は、その企業内の同じ場所で行われる同じ業務について、原則1年(最長3年)を超えて派遣労働者を受け入れることが禁じられていました。ただし、専門26業務については派遣期間の制限がありませんでした。

2種類の派遣期間の制限が及ぶ

2015年9月施行の改正労働者派遣法により、施行日以後に行われる労働者派遣においては、派遣先の業務に関係なく、①派遣先事業所単位の期間制限と、②個人単位の期間制限の2種類の制限が適用されます。

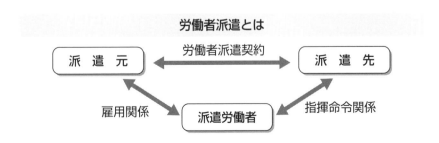

労働者派遣とは

① 派遣先事業所単位の期間制限

同じ派遣先の「事業所」（会社内の「支店」に相当します）に派遣できる期間は3年が限度となります。派遣先が3年を超えて受け入れようとする場合は、派遣先の過半数組合などからの意見聴取が必要です。

② 個人単位の期間制限

同じ派遣労働者を派遣先の事業所における同じ「組織単位」（事業所内の「課」に相当します）に派遣できる期間も3年が限度となります。この制限は過半数組合などの意見聴取による延長ができません。

③ 期間制限の具体例

たとえば、2016年1月、同一の派遣会社が、ある会社の東京支店総務課にAを派遣し、2018年1月に東京支店人事課にBを派遣しました。この場合、2018年12月になると、東京支店への派遣が3年となるので、過半数組合の意見聴取で派遣期間を延長しない限り、AとBの派遣が違法となります。さらに、Aの派遣も3年となるので、Aは総務課で勤務できなくなります。Aを東京支店で引き続き勤務させるには、上記の意見聴取とともに、別の課（人事課など）に異動させることが必要です。

専門26業務が廃止された

前述のように、従来は業務によって異なる派遣期間（派遣可能期間）が定められていました。つまり、専門的な技術・能力が必要な「専門26業務」は派遣期間の制限がなく、それ以外の業務では原則1年（最長3年）でした。なお、2012年の改正労働者派遣法により実態は28業務となっていましたが、その後も「専門26業務」と呼ばれてきました。たとえば、情報処理システム開発関係等の日雇派遣が可能な業種と、放送機器操作関係等の日雇派遣が禁止の業種がありました。しかし、2015年9月施行の改正労働者派遣法により、専門26業務による区別が廃止され、すべての業務で派遣期間が統一されました。

派遣労働者への雇用安定措置

2015年9月施行の改正労働者派遣法によって、派遣元は、同じ組織単位に継続して3年間派遣される見込みがある派遣労働者に対し、①派遣先への直接雇用の依頼、②新たな派遣先の提供（合理的なものに限る）、③派遣元での（派遣労働者以外としての）無期雇用、④その他安定した雇用の継続を図るための措置を講じ

る義務が課せられました（雇用安定措置）。

派遣元としては、最初に①の措置を講じなければならず、派遣先での直接雇用に至らなかった場合に、②③④の措置を講じる必要があります。

労働契約申込みみなし制度

労働契約申込みみなし制度とは、派遣先が制限期間を超えた継続勤務など、違法な派遣を受け入れている場合に、派遣先が派遣労働者に「労働契約の申込みをした」とみなされる制度です。ただし、派遣先が違法派遣であることを知らず、かつ知らないことにつき過失がなかった場合を除きます。また、派遣先が違法な派遣を受け入れている場合には、派遣期間経過後の受け入れの他にも、以下の類型が挙げられます。

まず、派遣労働者が行う業務が、たとえば建設業などの派遣が禁止されている事業であり、このような派遣労働者を受け入れている場合です。また、派遣元の企業が無許可で労働者派遣業務を行っており、その業者から労働者派遣を受け入れている場合も対象になります。そして、実態としては、労働者派遣であるにもかかわらず、請負契約の形式に偽装して、労働者を受け入れている場合にも、労働契約申込みみなし制度の対象になります。この場合に、締結したとみなされる労働契約における労働条件は、その時点での労働条件と同一になります。

【派遣労働者に対して行うべき雇用安定措置】
①派遣先に直接雇用を促す　②新たな派遣の場を提供する
③派遣元での無期雇用を約束する　④上記以外の雇用安定措置

7 派遣契約の締結と解除について知っておこう

派遣社員の地位が保護されるよう契約内容や解除は制限されている

派遣契約の内容で何を決めるか

労働者派遣契約（派遣契約）は、派遣先と派遣元との間で、個別の派遣労働について契約書を作成します。また、派遣元は派遣社員（派遣労働者）に対して、就業条件明示書を交付します。

派遣契約書に記載する主な事項は、まず、派遣社員が行うことになる仕事の内容、業務上必要な能力や実際の業務内容を具体的に記載する必要があります。

その他、派遣社員から苦情の申し出を受けた場合の処理などに関する事項、派遣契約の解除の際の派遣社員の雇用の安定を図るための措置等も取り決めておく必要があります。また、派遣料金、債務不履行の場合の賠償責任についても、あらかじめ契約書に記載しておきましょう。

2018年の労働者派遣法改正で、派遣先は、派遣契約を締結する前に、派遣元に対して、派遣社員が従事する業務ごとに、自ら雇用する通常の労働者（正社員）の賃金などの待遇に関する情報を提供することが義務付けられました。さらに、情報提供が派遣先から行われなければ、派遣元が派遣契約を締結してはならない旨も規定されました。

派遣契約の解除の制限

派遣契約（労働者派遣契約）の解除が検討される場合の多くが、派遣先の都合によって契約期間満了前に派遣契約を解除する場合です。

この場合、派遣先は、派遣元の同意を得るとともに、相当の猶予期間をおいてあらかじめ派遣元に解除の申入れを行う必要があります。そして、関連会社などで派遣社員が働けるように手配するなど、派遣社員が新たに働ける機会を提供できるように努力しなければなりません。

派遣社員の新たな就業機会を確保できない場合には、派遣先は、派遣契約の解除を行う予定の日の30日以上前に解除の予告を行う必要があります。予告を行わず直ちに解除をする場合には、派遣先は、派遣元に対

して、派遣社員の30日分の賃金に相当する金額以上の損害賠償を支払わなければなりません。

また、解除の際にその理由を派遣元から問われた場合には、派遣先は理由を明らかにする義務を負います。

もっとも、派遣先が行う派遣契約の解除には、いくつかの制限（解除自体が禁止される場合）があります。

まず、労働者派遣法は、派遣社員の国籍、信条、性別、社会的身分、派遣社員が労働組合の正当な行為を行ったことなどを理由として、派遣先が派遣契約を解除することを禁止しています。信条は特定の宗教的あるいは政治的な信念を指し、社会的身分は生来的な地位を指します。また、労働組合の正当な行為は、正当性のある団体交渉や争議行為などがあります。

次に、各種の労働法に基づき、人種や門地、婚姻や妊娠出産、心身の障害、派遣社員が派遣先に苦情を申し出たことなどを理由とする解除も禁止されています。また、派遣先が違法行為を行っていたことを派遣社員が関係行政機関に申告した場合、派遣先がそれを理由に派遣契約を解除することは許されません。

派遣社員については、原則として派遣元が人選を行うため（事前面接の禁止）、想定していた労働力に満たない者が派遣されることもあります。この場合には、派遣先が派遣元に対して派遣社員の交代などを検討することもあります。

派遣契約を中途で解除する場合の注意点

1	その解除が真にやむを得ず、正当なものかを十分に検討すること
2	あらかじめ相当の余裕をもって、派遣元に解除の申し出を行い、合意を得ること
3	派遣先の関連会社での就業をあっせんするなど、その派遣労働者の新たな就業の機会の確保を図ること
4	派遣先の責めに帰すべき事由で派遣契約を中途で解除する場合は、少なくとも30日前に予告すること。予告を行わない場合は、30日分以上の賃金に相当する損害賠償を行うこと（予告の日から解除を行おうとする日までの期間が30日に満たない場合には、少なくとも解除を行おうとする日の30日前の日と予告の日までの日数分以上の賃金に相当する額について損害賠償を行うこと）
5	派遣先と派遣元の双方の責めに帰すべき事由がある場合は、派遣先と派遣元のそれぞれの責めに帰すべき部分の割合についても十分に考慮すること

8 派遣先事業主が注意すべきことは何か

派遣社員の地位確保のための様々な措置が求められている

派遣先企業の注意点

労働者派遣では、派遣先企業（派遣先事業主）は派遣元企業（派遣元事業主）と派遣契約を結び、派遣社員（派遣労働者）は派遣元企業と雇用契約を結びます。派遣社員は雇用契約や就業条件に示された範囲内で、派遣先企業の指示に従って業務を遂行します。このように、実際に業務上の指揮命令を派遣社員に与えるのは直接の契約関係にない派遣先企業です。こうした事情から、派遣社員について派遣先企業が責任を持つとされることがいくつかあります。

派遣社員に関して派遣先企業が管理することの例として、派遣社員の出勤・欠勤状況、遅刻・早退の状況、日々の始業・終業時間の実績、休憩時間などが挙げられます。

労働者派遣法によると、労働基準法や労働安全衛生法、男女雇用機会均等法などの労働関連法令の規定を適用する場合にも、派遣社員の雇用主である派遣元企業ではなく派遣先企業を使用者（事業者または事業主と定めている場合もあります）とみなすように定めている項目があります。

派遣先責任者の仕事とは

派遣社員を受け入れる場合、派遣先企業は派遣先責任者を置かなければなりません。派遣先責任者には、労働関係の法令等の知識、人事面や労務管理などの専門知識や経験を持つ人を選任する必要があります。

派遣先責任者は、派遣社員を指揮命令する地位にある者や派遣社員の就業に関係するすべての労働者に対して、派遣社員の氏名と性別などの他、労働者派遣に関する法令や派遣契約の内容についても周知しなければなりません。

また、派遣社員の受入期間の変更通知に関すること、派遣先管理台帳の作成・記録・保存、派遣先管理台帳の記載事項の通知に関すること、派遣社員からの苦情への対処、派遣社員の安全衛生に関する連絡調整などを行います。このうち派遣社員の安全衛生については、たとえば、健

康診断の実施時期・場所・内容などについて、安全衛生に関する業務の統括者や派遣元企業との連絡調整などを行います。

事前面接はできない

派遣社員を受け入れる場合、派遣先企業は派遣社員を特定すること、または特定することを目的とする行為を行うことが禁止されています。

派遣社員を特定することを目的とする行為の例として、事前面接があります。事前面接とは、派遣社員の受け入れが未決定の状態で、派遣先企業が特定の派遣社員を受け入れるかどうかを選択するために行われる面接です。事前面接は紹介予定派遣の場合を除いて禁止されています。

派遣先企業の雇用安定措置

2015年9月施行の改正労働者派遣法により、同じ派遣社員を継続して1年以上受け入れて、派遣元企業からその派遣社員を直接雇用するよう依頼があり、派遣終了後に引き続き同じ業務に従事させるために労働者を新たに雇用しようとする場合に、その派遣社員を雇い入れる努力義務が派遣先企業に課せられています。

その他派遣先はどんなことに注意するのか

派遣先企業は、派遣社員が円滑に仕事を行えるように職場環境を整える必要があります。たとえば、派遣先企業の社員が利用する医療室や食堂などの施設を派遣社員も使えるように取り計らうことや、セクシュアルハラスメントの防止に努める必要があるのです。さらに、2018年の労働者派遣法改正で、派遣元企業による「不合理な待遇の禁止等」(14ページ)の措置などが適切に講じられるようにするため、派遣先企業が配慮すべきことが規定されました。

また、派遣先企業では、業務上の指揮命令についての苦情など、派遣社員から出された苦情への対応も必要です。派遣先企業は、受けた苦情の内容を派遣元企業に伝えて、派遣元企業と連携しながら、誠意をもって適切に対応しなければなりません。

さらに、派遣先企業は、派遣先管理台帳を事業所ごとに作成し、派遣社員が就業した日、始業・終業・休憩時間、行った業務の種類など、必要な事項を派遣社員ごとに記載しなければなりません。

相談 違法派遣

Case 違法派遣に対するみなし雇用制度はどのような制度ですか。また、違法派遣にあたる行為には、どのような類型がありますか。

回答 みなし雇用制度（労働契約申込みみなし制度）とは、労働者派遣法の一部の規制に違反して派遣労働者を受け入れていた派遣先が、その派遣労働者に対して直接雇用の申込みをしたとみなされる制度のことです。

具体的には、派遣先が、①派遣労働者を派遣禁止業務に従事させた場合、②無許可の事業主（派遣元）から派遣労働者の派遣を受けた場合、③派遣可能期間を超えて労働者派遣を受けていた場合、④労働者派遣以外の名目で契約を締結していた場合（偽装請負など）に、派遣先が派遣労働者に対して直接雇用の申込みをしたとみなされます。

③の違法派遣については、事業所単位の期間制限または個人単位の期間制限に違反して労働者派遣を受けることを指します（78ページ）。

みなし雇用制度によって労働契約の申込みをしたとみなされた派遣先は、この申込みを1年間撤回することができません。派遣労働者が1年間のうちに労働契約の申込みに対する承諾をすれば、派遣先と派遣労働者との間で労働契約が成立します。

このときの労働条件は、派遣労働者と雇用主（派遣元）との労働条件と同じとなります。派遣先が①〜④の違法派遣に該当することを知らず、かつ知らないことにつき過失がないときは、みなし雇用制度が適用されません。

そして、厚生労働大臣は、派遣先や派遣労働者の求めに応じて、派遣先の行為がみなし雇用制度の適用を受ける行為に該当するかどうかの助言ができます。また、派遣先が労働契約の申込みをしたとみなされ、それに対して派遣労働者が承諾をしたにもかかわらず、派遣先が派遣労働者を就労させない場合には、厚生労働大臣は、派遣先に対して派遣労働者の就労に関して助言や指導などを行うことができます。

第 4 章

労働時間

1 労働時間のルールと管理について知っておこう

週40時間、1日8時間の労働時間が大原則である

週40時間・1日8時間の法定労働時間

使用者は、たとえ繁忙期であるとしても、労働者に対して無制限に労働を命じることはできません。労働基準法には「法定労働時間（週40時間、1日8時間）を超えて働かせてはならない」という原則があります。つまり、週の労働時間の合計の上限（40時間）と1日の労働時間の上限（8時間）の両面から、労働時間について規制を及ぼしています。

三六協定を締結しているなどの例外的事由（次ページ）がないのに、使用者が法定労働時間を超えて労働者を働かせることは、刑事罰（6か月以下の懲役または30万円以下の罰金）の対象となります。

なお、法定労働時間に関する労働基準法の規定には例外があり、変形労働時間制（95ページ）とフレックスタイム制（111ページ）が代表的なものです。それぞれの制度については、項目を改めて詳しく見ていきます。

「働き方改革法」との関係

長らく労働法制には、長時間労働の是正と、形態としての多様な働き方に関する法制化が求められてきました。2018年通常国会で「働き方改革法」（働き方改革を推進するための関係法律の整備に関する法律）が成立しました（13ページ）。長時間労働の是正については2019年4月から、そして、多様な働き方に関する事項については、2020年4月から施行されます。

長時間労働の是正策として、「労働時間等の設定の改善に関する特別措置法」の改正により、労働者の健康や福祉の観点から、使用者（事業主）は、前日の終業時刻と翌日の始業時刻との間に一定時間の休息を労働者のために設定するように努めることが明記されました（勤務間インターバル制度の普及促進）。また、労働基準法改正では、労働時間の是正策として、罰則付きの時間外労働の上限規制などが設けられました（88ページ）。

その他にも、時間外労働に対して支払われる割増賃金率について、月60時間を超える分の時間外労働に関しては割増賃金率を50％以上とするという規制が、中小企業に対しては猶予されていました。しかし、労働基準法改正により、この中小企業も対象に含めることにしました（2023年4月より適用）。また、10日以上の年次有給休暇（年休）が与えられる労働者に対して、使用者は、そのうちの5日について毎年時季を指定し、労働者に付与することが義務付けられました。このように多角的な観点から、労働者の長時間労働の是正がめざされています。

もう一つ、多様な働き方に関する法制化について、働き方改革法の目玉は「特定高度専門業務・成果型労働制」（高度プロフェッショナル制度）の創設です。この制度は、少なくとも年収1000万円以上の労働者が、高度な専門的知識が必要な業務などに従事している場合、年間104日の休日を確保する一方で、労働時間・休日・深夜労働に関する割増賃金などの規定を適用しないことを認める制度です（128ページ）。

その他、フレックスタイム制については、従来は1か月であった清算期間について、3か月まで延長することが認められました（111ページ）。

法定内残業と時間外労働

使用者は法定労働時間を守らなければならないのが原則ですが、災害をはじめ臨時の必要性があり許可を得ている場合や、三六協定の締結・届出がある場合には、例外的に法定労働時間（週40時間、1日8時間）を超えて労働者を業務に従事させることができます。法定労働時間を超える労働を**時間外労働**といい、時間外労働に対しては割増賃金を支払わなければなりません。もっとも、就業規則で定められた終業時刻後の労

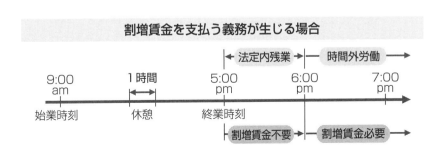

割増賃金を支払う義務が生じる場合

働すべてに割増賃金の支払が必要であるわけではありません。

たとえば、会社の就業規則で9時始業、17時終業で、昼休み1時間と決められている場合、労働時間は7時間ですから、18時まで「残業」しても8時間の枠は超えておらず、時間外労働にはなりません。この場合の残業を**法定内残業**といいます。法定内残業は時間外労働ではないため、使用者は割増賃金ではなく、通常の賃金を支払えばよいわけですが、法定内残業について使用者が割増賃金を支払うことも可能です。

さらに、働き方改革法に伴い、労働基準法改正で、原則として月45時間、年360時間という時間外労働の上限が明示されました。

ただし、特別条項付き協定により、これらより長い時間外労働の上限を定めることも認められます。しかし、①年間720時間を超えてはならない、②月45時間を超える月数は1年に6か月以内にしなければならない、③1か月100時間未満に抑えなければならない、④複数月の平均を月80時間以内に抑えなければならない、という規制に従わなければなりません（159ページ）。また、上記①～④の長時間労働の上限規制に従わないと、罰則の対象になることも明示されました。

変動的給与計算のための時間管理

会社が労働者に給与を支給するときは、一定のルールに従って支給額を計算することになります。

給与は固定的給与と変動的給与に分かれます。固定的給与とは、原則として毎月決まって同じ額が支給される給与のことです。基本給・役職手当・住宅手当・家族手当・通勤手当などがこれにあたります。これに対して、変動的給与とは、支給されるごとに支給額が異なる給与のことです。時間外手当・休日労働手当・深夜労働手当などの残業手当や、精皆勤手当などがこれにあたります。

変動的給与は、毎日の出退勤状況や残業時間に応じて、給与を支給するたびに金額が異なるため、支給額を計算する必要があります。

そこで、変動的給与を計算するために、それぞれの労働者について、日々の出勤・欠勤の状況、労働時間・残業時間などのデータが必要になります。なお、出勤簿、タイムカード、賃金台帳は、最後に記入した日から3年間、事業場（会社）に保存しておく必要があります。

相談 休憩時間のルール

Case 休憩時間は法律で定められているのでしょうか。組合活動や政治活動も許されるのでしょうか。

回答 労働時間は休憩時間を除外して計算するのですが、これとは別に休憩時間についても定めがあります。使用者は労働者に対し、労働時間が6時間を超える場合は45分以上、8時間を超える場合は1時間以上の休憩時間を与えなければならず、休憩時間は労働時間の途中に一斉に与えなければなりません（一斉付与の原則）。ただし、労使協定に基づき交替で休憩させるなどの例外が認められます。

多くの会社では、一斉に休憩する時間を昼食時に設定しています。休憩時間を一斉に与えなければならないのは、バラバラに休憩をとることで、休憩がとれなかったり、休憩時間が短くなったりする労働者が出ることを防ぐためです。また後述するように、休憩時間は拘束してはならず、労働者に自由に利用させなければなりません（自由利用の原則）。休憩時間に社員を講堂に集めて勉強会をするというのでは、法律の認める休憩時間にはなりません。

休憩時間は自由利用が原則です（労働基準法34条3項）。使用者が休憩時間中の労働者の行動を制約することはできません。以下、それぞれのケースを見ていきましょう。

① **外出**

労働者は休憩時間中、自由に外出できます。もっとも、事業場の中で自由に休憩できるのであれば、外出について所属長などの許可を必要とする許可制は、直ちに違法とはなりません。

② **自主的な勉強会**

労働者が自主的に活動している場合は問題ないのですが、使用者が参加を強制している場合（事実上の強制も含みます）は、休憩の自由利用の原則に反します。

③ **電話番**

電話番をさせるのは、休憩室で自由に休憩しながらであっても、労働から解放したものとはいえないので、休憩の自由利用の原則に反します。

④ **組合活動**

労働者が休憩時間を利用して組合活動を行うことは自由です。組合活動は憲法で保障された権利です。

⑤ **政治活動**

職場秩序や会社の事業に対する具体的な支障がない限り、政治活動も許されると考えられます。

相談 労働時間、休憩、休日の規定の適用除外

Case 法定労働時間や週休制に適さない場合、労働基準法の規定の適用が除外される場合があると聞きましたが、どんな場合でしょうか。

回答 事業、職責、業務の性質・態様が、法定労働時間や週休制の適用に適さない場合もあります。そこで、労働基準法では、一定の事業、職責、業務については、これらの規定を適用除外(その規定が適用される労働者として取り扱わないこと)としています。ただし、深夜業、年次有給休暇に関する規定は適用されますので注意してください。

・**事業の種類による適用除外**

農業(林業を除く)、畜産、養蚕、水産業に従事する者が適用除外となります。これらの事業は、天候などの自然条件に左右されるため、労働時間などの規制になじまないからです。

・**労働者の職責による適用除外**

管理監督者や機密の事務を取り扱う者が適用除外となります。管理監督者は、具体的には部長や工場長などが該当します。こうした立場の役職者は労働条件の決定など、労務管理について経営者と一体的な立場にあるからです。ただし、単に役職の名称ではなく、実態に即して管理監督者か否かを判断することになるため、会社が部長や工場長などの役職を与えていても、裁判所が管理監督者として認めないケースが多くある

ことに注意が必要です。機密の事務を取り扱う者は、具体的には秘書などが該当します。職務が経営者や管理監督者の活動と一体不可分であり、厳格な労働時間管理になじまないことが理由です。

●業務の態様による適用除外

　監視または断続的労働に従事する者が適用除外とされています。監視に従事する者とは、原則として一定部署で監視することを本来の業務とし、常態として身体や精神的緊張の少ないものをいいます。したがって、交通関係の監視など精神的緊張の高い業務は、適用除外として認められません。これに対し、断続的労働に従事する者とは、休憩時間は少ないが手待時間（業務が発生したときには直ちに作業を行えるよう待機している時間のこと）の多い者を指します。いずれも対象者の労働密度が通常の労働者よりも低く、労働時間、休憩、休日の規定を適用しないとしても、必ずしも労働者保護に欠けないため適用除外としたものです。

　ただし、監視または断続的労働に従事する者の労働の実態は、労働密度の高低を含めて多様であり、1日の労働時間が8時間を大幅に超過する場合や、1週1日の休日もない場合が生じるなど、労働条件に大きな影響を与えます。そこで、業務の態様による適用除外の要件として、所轄労働基準監督署長の許可を求めていることに注意しましょう。

労働基準法上の原則と例外

労働時間・休憩・休日についての規定

原則
- 労働時間が6時間を超える場合 → 45分
- 労働時間が8時間を超える場合 → 1時間
- 休日は毎週1回以上与える

例外
① 事業の種類による適用除外
　→ 農業（林業を除く）、畜産、養蚕、水産業に従事する者
② 労働者の職責による適用除外
　→ 管理監督者や機密事項を取り扱う者（部長や工場長）
③ 業務態様による適用除外
　→ 監視または断続的労働に従事する者

2 勤務間インターバルについて知っておこう

終業時刻から翌日の始業時刻までの休息時間を確保する制度

どんな制度なのか

勤務間インターバル制度とは、労働者が1日の勤務が終了（終業時刻）してから、翌日の勤務が開始（始業時刻）するまでに、一定時間以上経過しなければならないとする制度です。終業時刻から翌日の始業時刻までに休息時間（勤務間インターバル）を設けることで、労働者の長時間労働を解消することが目的です。

たとえば、始業時刻が午前9時の企業が「11時間」の勤務間インターバルを定めている場合、始業時刻の通りに労働者が勤務するためには、遅くとも前日の終業時刻が午後10時前でなければなりません。もし前日の終業時刻が午後11時である労働者がいた場合には、そこから11時間（勤務間インターバル）は翌日の勤務に就くことができず、始業時刻を少なくとも午前10時（1時間の繰下げ）まで繰り下げなければなりません。

企業が勤務間インターバル制度を導入する場合、大きく2つの意義があります。1つは、一定の時刻に達すると、それ以後、労働者は残業ができなくなるということです。一定の勤務間インターバルを置かなければ、翌日の定時の就業が認められないため、労働者は、一定の時刻に達すると終業しなければなりません。これにより、長時間労働の削減につながることが期待されています。

もう1つは、一定の休息時間が確保され、労働者の生活時間や十分な睡眠時間を確保することを助け、労働者のワークライフバランスを推進する作用を持つということです。

どんなメリットがあるのか

勤務間インターバル制度を導入すると、労働者は、一定の時間（＝勤務間インターバル）について、いわば強制的に休息時間を確保することが可能になります。そのため、長時間労働を直接的に解決することができるというメリットがあります。最近では、フレックスタイム制や裁量労働制が充実してきており、これらの制度と併せて勤務間インターバル

制度を導入すると、労働者は、自らの意思で労働時間を管理することが可能になり、ワークライフバランスを保つことが可能になることが期待されます。

導入促進のための助成金など

2017年の「就労条件総合調査」において、勤務間インターバル制度を導入していると回答した企業の割合は、1.4%（就業規則などに規定されている企業に限定しています）にすぎません。勤務間インターバル制度を導入していない企業は、「人員不足などにより、勤務間インターバル制度を導入すると事業に影響が生じる」などといった明確な理由があるわけでなく、「勤務間インターバル制度を導入する必要性を感じない」「これといった理由はない」などといった不明確な理由から導入していない企業が多いという実態があります。

つまり、勤務間インターバル制度は、労働者の長時間労働を改善するための重要な制度であるにもかかわらず、いまだにその重要性が企業に伝わっていないということです。

そこで、厚生労働省は、勤務間インターバル制度を導入した企業のうち、一定の条件を満たす企業に対して、企業が申請することによって、勤務間インターバル制度を導入するにあたり、企業が負担した費用の一部を助成する「時間外労働等改善助

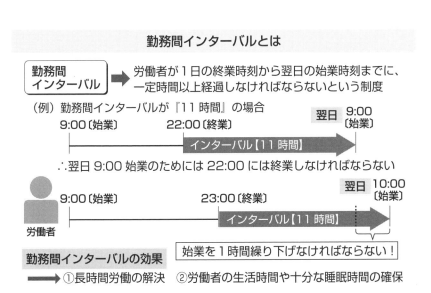

成金（勤務間インターバル導入コース）」という制度を設けています。

　助成対象になる企業規模が限定されており、たとえば、サービス業においては、資本・出資額いずれかが5000万円以下であり、常時雇用する労働者の人数が100人以下の企業に限定されています。また、助成を支給するために、企業は、労務管理担当者に対する研修や、労働者に対する研修および周知・啓発活動を行うなど、一定の取り組みを行うことが義務付けられます。さらに、助成金の支給を受けるため、成果目標の設定が求められています。助成金の支給を受けるためには、少なくとも9時間以上の勤務間インターバルを置くことが必要です。

どんな問題点があるのか

　勤務間インターバル制度にも問題点が指摘されています。それは、勤務間インターバル制度によって始業時刻が繰り下げられた場合、繰り下げられた時刻に相当する時間の賃金に関する問題です。

　たとえば、繰り下げられた時間については、労働免除とするという方法が考えられます。労働免除が認められると、繰り下げられた時間分については、労働者は賃金を控除されることがありません。しかし、これを企業側から見ると、労働者ごとに労働時間の繰り下げなどの管理を適切に行う必要があるとともに、労働者同士の公平性にも配慮しなければならないという負担がかかります。

　このように、勤務間インターバル制度は、労働者の健康や安全を確保するのに役立つ制度である一方で、労働者にとって重大な関心事である賃金に対して影響を与えるおそれがあるため、その導入に際しては、労使間で事前に明確な合意に至っている必要があります。

就業規則にも規定する必要がある

　2018年の労働時間等設定改善法の改正で、企業は、勤務間インターバル制度の導入を、努力義務として課されることになりました。つまり、長時間労働の改善について、企業側の意識の向上が求められているということです。

　そこで、企業が勤務間インターバル制度を導入する場合には、就業規則などに明確に規定を置き、特に繰り下げた時間に相当する賃金の問題などについても、事前に明確にしておくことが望まれます。

3 変形労働時間制について知っておこう

法定労働時間内となる労働時間が増えるのがメリット

変形労働時間制とは何か

会社の業種の中には、「土日だけ忙しい」「月末だけ忙しい」「夏だけ忙しい」などのように、時期や季節によって繁閑の差が激しい業種もあります。このような業種の場合、忙しいときは労働時間を長くして、逆に暇なときは労働時間を短くしたり、休日にする方が合理的といえます。そこで考えられたのが**変形労働時間制**です。

変形労働時間制とは、一定の期間を通じて、平均して「1週40時間(特例措置対象事業場は44時間)」の範囲内であれば、特定の日や特定の週に「1日8時間、1週40時間」を超えて労働させてもよいとする制度です(特例措置対象事業場とは、従業員数が常時10人未満の商業、制作事業を除く映画・演劇業、保健衛生事業、接客・娯楽業の事業場です)。

たとえば、変形労働時間制を採用する単位を4週間(1か月)と定めた場合に、月末に繁忙期を迎える工場について、月末の1週間の所定労働時間が48時間であったとします。このとき、第1週が40時間、第2週が40時間、第3週が32時間の労働時間であれば、4週間の総労働時間は160時間であり、平均すると1週の法定労働時間を超えません(週40時間×4週間=160時間に等しいため)。

このように、一定の期間(ここでは4週間)を平均して1週40時間(特例措置対象事業場は1週44時間)を超えないことが、変形労働時間制の

変形労働時間制の種類

変形労働時間制
- 1か月単位の変形労働時間制
- 1年単位の変形労働時間制
- 1週間単位の非定型的変形労働時間制

要件の1つとなります。

変形労働時間制には3類型ある

労働基準法が認める変形労働時間制には、次の3類型があります。
① 1か月単位の変形労働時間制
② 1年単位の変形労働時間制
③ 1週間単位の非定型的変形労働時間制

なお、満18歳未満の者を変形労働時間制によって労働させることはできないのを原則としています。

また、変形労働時間制を採用している企業であっても、妊娠中の女性や出産後1年を経過していない女性が請求した場合には、法定労働時間を超過して働かせることはできません。さらに、労働者が育児や介護を担当する者である場合や、職業訓練・教育を受ける場合などには、変形労働時間制を採用する際に、それぞれの事情に応じた時間の確保について配慮する必要があります。

変形労働時間制のメリットは、前述のように、業種に合わせた合理的な労働時間を設定できることが挙げられます。労働時間が法定労働時間に収まる範囲が広がるので、企業側が残業代を削減できるのも大きなメリットといえます。

一方、変形労働時間制のデメリットとしては、個別の労働者ごとに労働時間が異なるため、会社としての一体性を保つことが困難になり、社員のモチベーションや、規律を正すことが困難になる場合があります。また、企業の担当者は、複雑な労働時間の管理等の手続を行わなければなりません。

変形労働時間制と時間外労働

【原 則】法定労働時間 ⇒ 1日8時間・1週40時間
　　　　∴4週間（1か月）では… 40時間×4週間＝ 160時間

【変形時間労働時間制】（例）単位を4週間（1か月）として月末に忙しい商店の場合

【第1週】	【第2週】	【第3週】	【第4週】
⇒40時間	⇒40時間	⇒32時間	⇒48時間

4週間（1か月）を通じて
〈40時間＋40時間＋32時間＋48時間＝160時間〉
∴時間外労働にあたる労働時間は発生しないと扱われる！

4　1か月単位の変形労働時間制について知っておこう

月単位の平均労働時間が法定労働時間内に収まればよい

どんな制度なのか

　1か月以内の一定期間を平均して、1週間の労働時間が40時間を超えなければ、特定された日または週に、法定労働時間（1週あたり40時間、1日あたり8時間）を超えて労働させることができる制度です。1年単位の変形労働時間制や1週間単位の非定型的変形時間労働制とは異なり、各週・各日の労働時間については、上限が規定されていないという特徴を持ちます。

　1か月単位の変形労働時間制を導入するとよい企業は、たとえば月初や月末だけ忙しくなる仕事のように1か月の中で仕事量に繁閑のある業種や職種における利用が考えられます。所定の労働時間がもともと短時間に設定されているようなパート社員を多く雇っている企業なども、1か月単位の変形時間労働制を採用することで、効率的で労働時間の管理が容易になるという利点があります。また、職業の性質上、夜勤の制度がある工場や病院などの他、タクシードライバーのような深夜交代制の職種においても、利用される場合が多いといえます。さらに、すべての労働者を1か月単位の変形時間労働制の対象にする必要があるわけではなく、業務量の多寡に応じて、特定の部署や特定の職員に限定して採用することも認められています。たとえば、正社員については採用せず、パート社員限定で、1か月の変形時間労働制を採用するという運用方法も可能であると考えられます。

就業規則の作成・変更が基本

　1か月単位の変形労働時間制を採用するためには、事業場の労働者の過半数で組織する労働組合（そのような労働組合がない場合は過半数代表者）との間で労使協定を結ぶか、就業規則の作成・変更によって、1か月以内の一定の期間を平均して1週間あたりの労働時間が法定労働時間（原則は週40時間、特例措置対象事業場は週44時間）を超えない旨の定めをしなければなりません。その

上で、締結した労使協定または作成・変更した就業規則を所轄労働基準監督署に届け出てから（就業規則の届出は常時10人以上の場合に限ります）、労働時間の管理方法を労働者に周知する必要があります。このように、労使協定を締結しなくても、就業規則の作成・変更の手続きによって、1か月単位の変形労働時間制を採用することができるため、企業の負担は比較的少ないともいえます。

たとえば、週休2日制（土日が休日）を採用している企業では、月末にかけて業務量が増える業種で採用することが考えられます。仮に業務量が増えた時期に1日10時間の労働が必要な業務であれば、「10時間×5日間＝50時間」が労働時間にあたります。法定労働時間は「1日8時間×5日間＝40時間」ですから、法定労働時間を超える部分（50時間－40時間＝10時間）は時間外労働にあたり、会社は残業代を負担しなければなりません。

一方で、1か月単位の変形労働制では、1か月以内の一定期間を平均した1週間あたりの労働時間が法定労働時間内であればよいわけです。「一定期間＝4週間」を例にすると、法定労働時間は「週40時間×4週間＝160時間」です。月末の第4週が平均10時間労働（10時間×5日間＝50時間）であるとしても、第1週が平均6時間労働（6時間×5日間＝30時間）、第2週が平均7時間労働（7時間×5日間＝35時間）、第3週が平均9時間労働（9時間×5日間＝45時間）の場合には、4週間の合計労働時間は160時間ですので、平均した1週間あたりの労働時間は法定労働時間内（160時間÷4＝40時間）に収まります。

就業規則などに定める事項

1か月単位の変形労働時間制を採用するためには、以下の①～⑤の事項について、労使協定または就業規則で定めることが必要です。注意点としては、就業規則による場合は、「各日の始業・終業時刻」（絶対的必要記載事項の1つです、26ページ）を定めなければなりません。一方、労使協定による場合は、協定の有効期間を定めなければなりません。

また、就業規則や労使協定を事業場の所在地を管轄する労働基準監督署に届け出ることを忘れてはいけません。1か月単位の変形労働時間制を採用する際には、労使協定または就業規則に定める事項をよく確認す

るようにしましょう。

① 1か月以内の一定期間（変形期間といいます）とその期間の起算日
② 対象労働者の範囲
③ 変形期間の1週間平均の労働時間が40時間（特例措置対象事業場は週44時間）を超えない定め
④ 変形期間における各日・各週の労働時間（所定労働時間）
⑤ 就業規則による場合は各日の始業・終業時刻（労使協定による場合は有効期間の定め）

なお、変形期間における法定労働時間の総枠を超えて、各週の所定労働時間を設定することはできません。

1か月単位の変形労働時間制を採用するメリット

変形労働時間制は法定労働時間制の変形ですから、特定の週、特定の日に「1週40時間、1日8時間」を超える労働時間が定められても、超えた部分は時間外労働にはなりません。そのため、企業にとっては、法定労働時間に厳格に縛られることなく、各日や各週の所定労働時間を設定することが可能になります。そして、事業を運営していく上で、繁忙期とそれ以外の期間が比較的明確に分かれている場合には、1か月単位の変形労働時間制を採用することで、閑散期に生じるムダな人件費を削減できるという効果が期待できます。

1か月単位の変形労働時間制において時間外労働になるのは、就業規則などで定めた各日・各週の所定労働時間（上記④）を超え、しかも1週40時間または1日8時間を超える時間に限定されます。もっとも、上記により時間外労働とされた時間を除き、変形期間の法定労働時間の総枠を超える時間も時間外労働になる点には注意が必要です。時間外労働となる時間の労働に対しては、当然ですが割増賃金の支払いが必要です。

以上の点に注意すれば、基本的には繁閑に合わせた労働時間を設定しているため、時間外労働の割増賃金を支払うべき場面を極力回避することが可能になります。これは、企業が1か月単位の変形労働時間制を採用する上での最大のメリットということができます。

このように、事前に繁閑に応じた労働時間の管理を計画的に設定しておくことで、ムダな賃金支払をカットできるとともに、事業の繁閑に合わせて適切な人材を確保することにもつながるため、効率的に事業運営を展開することが可能です。

1か月単位の変形労働時間制の運用方法

1か月単位の変形労働時間制の変形期間(対象期間ともいいます)は1か月以下であればよく、1か月に限定されるわけではないので、「4週間」「3週間」といった変形期間であってもかまいません。もっとも、労働者の労働時間管理を月単位で管理している企業が多いため、実際には変形期間を1か月に設定している企業が多いといえます。

変形期間における法定労働時間の総枠は「1週間の法定労働時間×変形期間の日数÷7」という計算式によって求めます。

たとえば、変形期間を1か月としている事業場で、1週の法定労働時間が40時間(特例措置対象事業場は44時間です)とします。

この場合、1か月が30日の月の法定労働時間の総枠は171.4時間(=40時間×30日÷7)です(特例措置対象事業場は188.5時間)。1か月が31日の月の場合は、総枠が177.1時間(=40時間×31日÷7、特例措置事業対象事業場は194.8時間)、1か月が28日の月の場合は、総枠が160時間(=40時間×28日÷7、特例措置対象事業場は176時間)となります。

1か月単位の変形労働時間制を採用する上での注意点

1か月単位の変形労働時間制を採用することで、企業にとってはムダな時間外労働を削減できるため、効率的な事業運営が可能になるというメリットがあることは、すでに見てきたとおりです。企業が1か月単位の変形労働時間制を採用して、そのメリットを受けるためには、事前に変形期間における所定労働時間を具体的に特定しておかなければなりません。所定労働時間の配分があまり

1か月単位の変形労働時間制の例

対象期間	労働時間
1週目	36時間
2週目	34時間
3週目	42時間
4週目	42時間
4週間	154時間

3週目と4週目は法定労働時間をオーバーしているが、4週間の労働時間の合計が160時間(40時間×4週)以下なので時間外労働とはならない

にも不定期な形態になってしまうと、労働者が日々発生する労働時間の変遷について、あらかじめ見積もることができず、場合によっては労働者の生活に影響を与えるおそれがあるためです。そのため、各週や各日の所定労働時間について、あらかじめ労使協定や就業規則で具体的に定めておくことが要求されます。そのため、使用者が変形期間の起算日（初日）の数日前になってシフト表を新たに作成して労働者に配布する場合や、「事業の都合上、1週間の平均労働時間が35時間以内の範囲で就業させることがある」と定めるだけの場合は、事前の具体的な特定が行われているとはいえません。

また、変形期間を途中で変更することは原則として許されず、事前に定めておいた各日・各週の所定労働時間について繁閑の予想と実態が異なったとしても、直前で変更することも認められません。ただし、労使協定や就業規則にあらかじめ根拠が示され、労働者側から見て、所定労働時間の変更について予測可能であるといえる程度に、所定労働時間の変更事由が具体的に定められている場合には、例外的に所定労働時間の変更が許されることもあります。

以上のように、繁閑の予想が難しく労働時間のシフト表が頻繁に変更される企業では、計画的な労働時間を管理する制度づくりを期待することが難しく、1か月単位の変形労働時間制が十分に機能しないおそれがあることに注意する必要があります。

1か月単位の変形時間労働制における労働時間の変更

【シフト表】

月	火	水	木	金	土	日
1日 ⑦	2日 休	3日 ⑥	4日 休	5日 ⑦	6日 ⑥	7日 ⑦
8日 ⑦	9日 休	10日 ⑥→⑧	11日 休	12日 ⑦	13日 ⑥→⑧	14日 ⑦
15日 ⑨	16日 休	17日 ⑩	18日 休	19日 ⑨	20日 ⑩	21日 ⑨
22日 ⑨	23日 休	24日 ⑩	25日 休	26日 ⑨	27日 ⑩	28日 ⑨
29日 ⑧	30日 休	31日 ⑧				

※○内の数字は労働時間を表す

〔労働時間〕
⇒ 22日間で176時間
∴週平均40時間に収まる

（例）10日と13日の労働時間を6時間から8時間などに変更できない

⇒ **変形時間の途中での変更は原則許されない**

∴事前に全労働日の労働時間を労働者に通知する

5　1年単位の変形労働時間制について知っておこう

1か月超1年以内の期間を単位として労使協定などで設定する制度

どんな制度なのか

　業種によっては、夏に消費者の需要が集中していて、その間は忙しいものの、それを過ぎればグンと仕事量が減ってしまうなど、年単位で繁閑の差が大きく生じる事業があります。たとえば、季節ごとに商戦の時期が基本的に固定されているデパートや、ジューンブライドに代表されるように、年単位で繁忙期がある程度予測できる結婚式場などです。

　このような事業のために、1か月を超え1年以内の期間を単位として、それぞれの事業場の業務形態にあわせた所定労働時間を設定することを可能にしたのが「1年単位の変形労働時間制」です。つまり、1か月超1年以内の中で設定した対象期間における労働時間の平均が1週間あたり40時間を超えない範囲で、特定の週や日において法定労働時間（1週40時間、1日8時間）を超えて労働者を労働させることが認められています。そのため、企業の業種に応じて、比較的自由な労働時間の管理を認めるための制度だといえます。

　週40時間の法定労働時間については、特例措置対象事業場では週44時間による運用が認められていますが、1年単位の変形労働時間制を採用する場合は、この特例が適用されませんので注意しましょう。

　なお、企業全体で1年単位の変形労働時間制を採用することができることはもちろんですが、正社員に限定して採用することや、担当する部門（営業などの担当部署）ごとに採用することも可能である点も特徴として挙げることができます。

1年単位の変形労働時間制を採用するための要件

　1年単位の変形労働時間制を採用するためには、事業場の労働者の過半数で組織する労働組合（そのような労働組合がない場合は過半数代表者）との間で締結する労使協定で、一定の事項を定めなければなりません。

　さらに、締結した労使協定は事業場の住所地を管轄する労働基準監督

署に提出する必要があります。1年単位の変形時間労働制は、労働時間が変形する期間が長期間に及ぶため、就業規則で定めるだけでは、この制度を採用することができません。必ず労使協定の締結・届出をしなければならないことに注意が必要です。

常時10人以上の労働者が従事する事業場においては、就業規則に1年単位の変形労働時間制を採用する旨を明記するとともに、労働基準監督署に就業規則の作成・変更の届出が必要になります。

そして、労使協定で定める事項としては、以下のものがあります。

① 対象労働者の範囲
② 対象期間
③ 特定期間
④ 対象期間における労働日と労働日ごとの労働時間
⑤ 対象期間の起算日
⑥ 労使協定の有効期間

①の対象労働者の範囲に制限はありません。ただし、対象期間の途中で退職した労働者については、変形労働時間制が採用される対象期間中に、その労働者が実際に労働に従事した時間に基づき、週平均の労働時間がどの程度になるかを計算する必要があります。そして、労働時間を計算した結果、週の平均労働時間が40時間を超えている場合には、割増賃金を支払わなければならないことに注意が必要です。

これに対し、週平均の労働時間が40時間に満たない場合に、それに応じて賃金を差し引くことは認められません。また、対象期間の途中で入社した労働者についても、割増賃金の支払いが必要になる場合があります。

②の対象期間は1か月を超え1年以内の期間になります。事業場の事情にあわせて、たとえば、3か月、10か月、120日といった期間を自由に設定することができます。

③の特定期間は、対象期間の中で特に業務が忙しくなる期間のことです。ただし、対象期間中のすべての期間を特定期間として扱うという運用は認められていません。

④については、労使協定の中で対象期間のすべての日の労働時間をあらかじめ定めておくのが原則です。ただ、対象期間を1か月以上の期間ごとに区分する場合には、次の事項を定めておくことで足ります。

ⓐ 最初の期間(対象期間の初日の属する期間)の労働日と労働日ごとの労働時間
ⓑ 最初の期間以外の各期間におけ

る労働日数と総労働時間

なお、最初の期間を除く各期間については、各期間の初日の少なくとも30日前に、事業場の過半数組合（過半数組合がない場合は過半数代表者）の同意を得て、各期間の労働日と労働日ごとの労働時間を書面にて特定する必要があります。

対象期間が長く、事前に先々の業務の繁閑の程度を予測できない場合は、3か月以上の期間で区切って、最初の期間の所定労働日ごとに労働時間を決め、残りの期間については労働日と総労働時間を定めておくという方法も許されます。

労働時間には上限がある

1年単位の変形労働時間制には、対象期間中の労働日数と労働時間について上限があります。

労働日数については、対象期間が3か月を超えるときは、1年あたり280日が限度となります（3か月以内のときの限度は設けていません）。

労働時間については、対象期間の長さに関係なく、1日あたり10時間、1週あたり52時間が限度になります。ただし、隔日勤務のタクシードライバーの場合は、1日あたり16時間が限度となります。

1年単位の変形労働時間制は、対象期間が比較的長期に渡るため、法定労働時間を超える労働時間が強いられる期間が長く認められてしまうと、労働者の疲弊を招きます。そのため、1か月単位の変形時間労働制や1週間単位の非定型的変形時間労働制に比べて、労働時間に関する規制が厳格になされています。

具体的には、対象期間が3か月を超えるときは、対象期間中の労働時間が48時間を超える週が連続する週数が3以下であり、対象期間を初日から3か月ごとに区切った各期間において労働時間が48時間を超える週の初日の数が3以下である、という制限があります。ただし、積雪地域の建設業の屋外労働者などは、この制限が及びません（1日あたり10時間、1週あたり52時間の限度を遵守すればよいことになります）。

また、対象期間において連続して労働させることができる日数は6日が限度です。ただし、特定期間は1週間に1日の休日が確保できればよいとされていますので、最長で連続12日間労働させることができます。

なお、1年単位の変形労働時間制を採用している事業場に予期しない事情が生じ、やむを得ず休日の振替

えを行わなければならない場合、同じ週内に限り休日の振替えを行うことができます。これは1週あたり1回の休日を確保するという週休制の原則に基づくもので、予期しない事情があるとしても、異なる週に休日を振り替えることはできません。

以上のような労働時間の上限を超える労働は時間外労働（または休日労働）となりますので、割増賃金を支払う必要があります。①1日単位では労使協定で定めた労働時間（8時間以内を定めた場合は8時間）を超える労働時間、②1週単位では労使協定で定めた労働時間（40時間以内を定めた場合は40時間）を超える労働時間、③対象期間全体では平均して1週40時間の範囲内（法定労働時間総枠）を超える労働時間が、それぞれ時間外労働となります。

1年単位の変形労働時間制を採用するメリット

1年単位の変形労働時間制を採用するメリットとしては、労働時間を効率的に活用できるようになり、同時に労働時間の短縮も図ることができることが挙げられます。

つまり、年単位を通じて、繁忙期と閑散期が明確に分かれるような業種において、時期に応じて労働時間を変更することができます。そのため、特に閑散期におけるムダな人件費を削減できるとともに、事前に予測される繁忙期においても、時間外労働として割増賃金の支払いが必要になる場面を限定することが可能になります。

特に業種の特色としてシーズンが影響する事業場において、1年単位の変形労働時間制は特に機能すると考えられます。たとえば、スキー場のように夏場は明らかな閑散期である一方、冬場のスキーシーズンを迎えた時期に、極端に繁忙期が集中しているような事業について、1年単位の変形労働時間制が機能することが期待されています。他にもリゾー

1年単位の変形労働時間制

● 1年単位の場合の労働日数・労働時間の総枠（3か月超〜1年未満）

280日 × 対象期間の日数 ÷ 365

1日10時間以内、1週52時間以内、連続6日間（原則）

トホテルなどでの導入が想定されています。

1年単位の変形労働時間制を採用する上での注意点

1年単位の変形労働時間制を採用する際には、過半数組合（ない場合は過半数代表者）との労使協定の締結と、労働基準監督署への届出などの手続が必要です。

また、対象期間を1か月以上の期間ごとに区分する場合は、当該期間の初日の30日前までに、過半数組合（ない場合は過半数代表者）の同意を得た上で、シフト表などの書面を作成し、労働日と労働日ごとの労働時間を労働者に示さなければなりません。

さらに、対象期間中に生じた退職者や入社者は、労働時間の計算方法が複雑となり、割増賃金の支払の要否について注意が必要になることは、すでに見てきた通りです（下図）。

また、1年間の繁閑期をはじめとする、事業のだいたいのスケジュールが固定しているような業種では、比較的容易に1年単位の変形労働時間制を採用することが可能で、企業にとってメリットの多いシステムであるということができます。

しかし、年間を通じて繁閑期の予測が難しく、頻繁に労働者のシフトが変更になる業種においては、1年単位の変形労働時間制を採用することが必ずしも容易ではなく、かえって企業にとって負担になる場合も考えられるため、制度の導入には慎重な検討が必要になります。

途中入社・退職者の扱い

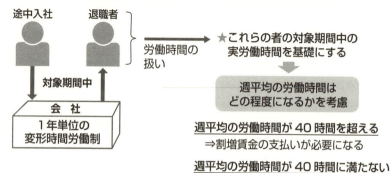

6 1週間単位の非定型的変形労働時間制について知っておこう

1週間の所定労働時間が法定労働時間内に収まればよい

どんな制度なのか

旅館や料理店、行楽地にある売店などのように、日ごとに繁閑の大きな差があり、就業規則などで各日の労働時間を特定することが困難な事業の場合、1週間を単位として所定労働時間を調整できるとした方が効率的です。そこで、小売業など接客を伴う常時30人未満の限定された事業場では、1週間の所定労働時間が40時間以内（特例措置対象事業場も同じです）であれば、1日の労働時間を10時間まで延長できることにしました。この制度が「1週間単位の非定型的変形労働時間制」です。

1週間単位の非定型的変形労働時間制を採用することで、1日あたり10時間、1週間あたり40時間の枠組みの中で、比較的自由に労働時間の設定することが可能になります。

ただし、1週間単位の非定型的変形労働時間制を採用できるのは、小売業、旅館、料理店、飲食店の事業うち常時30人未満の労働者を使用する事業場に限定されます。これは他の変形労働時間制には見られない特徴です。1週間単位の非定型的変形労働時間制は、日によって繁閑の差が大きい地方の小規模事業者を想定して設計された変形労働時間制だといえます。

1週間単位の非定型的変形労働時間制を採用するための要件

1週間単位の非定型的変形労働時間制を採用するためには、以下の①②の事項について、事業場の労働者の過半数で組織する労働組合（そのような労働組合がない場合は過半数代表者）との間で労使協定を締結し、事業場の住所地を管轄する労働基準監督署に届け出る必要があります。

① 1週間の所定労働時間を40時間以内で定める
② 1週間に40時間を超えて労働した場合には割増賃金を支払うこと

なお、1週間単位の非定型的変形労働時間制において、労働者は変則的な勤務が要求されるにもかかわらず、労使協定では1週間を通しての

所定労働時間の枠組みを定めることのみが必要とされます（①）。一方、1週間の各日の労働時間（労働日ごとの労働時間）は、その1週間（変形期間）が開始する前に、労働者に書面で通知すれば足り、労使協定で定めることを要しません。

このように、労働者の負担が比較的大きいことから、1週間単位の非定型的変形労働時間制を就業規則で定めることのみによって採用することを認めていません。労使協定の締結を義務付けていることが、とりわけ零細事業者には高いハードルになるといわれています。

1週間単位の非定型的変形労働時間制の採用例

1週間単位の非定型的変形労働時間制を採用した場合に、実際の労働者の労働時間はどのようになるか、その具体例を見てみましょう。

たとえば、ある飲食店は、週末（土曜日・日曜日）は、平日に比べてより多くの集客が見込まれているとします。この場合、平日は多くの客が来店するわけではありませんので、働いている従業員の労働時間を、それほど多く設定する必要がない代わりに、週末はより多くの時間を割いて、働いてほしいことになります。そこで、この飲食店が前述の要件を満たしている場合、1週間単位の非定型的変形労働時間制が役立ちます。

この飲食店で働く従業員Aが、週6日勤務（水曜日が休日）の労働者である場合を例に、Aについて、1週間単位の非定型的変形労働制に基づいて労働時間を設定した場合を表してみましょう。

まず、平日の前半は、特に集客が少ないことが見込まれるため、所定労働時間をそれぞれ、以下のように設定します。

ⓐ　月曜日　3時間
ⓑ　火曜日　4時間
ⓒ　水曜日　休日
ⓓ　木曜日　4時間

そして、週末にかけて集客が増えることに対応するために、週の後半の所定労働時間を以下のように設定します。

ⓔ　金曜日　9時間
ⓕ　土曜日　10時間
ⓖ　日曜日　10時間

以上の設定では、従業員Aについて、後半の曜日は1日8時間労働という法定労働時間を超えています。そのため、本来は、時間外労働にあたる部分について、この飲食店はA

に対して、割増賃金を支払う必要があります。しかし、1週間単位の非定型的変形労働時間制として、前述のようにAの労働時間を設定しておくと、たしかに後半の曜日の労働時間は法定労働時間を超えていますが、1日10時間を超えておらず、また、1週間の所定労働時間の合計は、

3時間＋4時間＋4時間＋9時間＋10時間＋10時間＝40時間

となっており、週40時間以内にとどまっています。

したがって、Aの労働時間の設定は、有効な1週間単位の非定型的変形労働時間制として認められますので、後半の曜日の法定労働時間を超える部分についても、この飲食店は、Aに対して割増賃金を支払う必要はありません。

時間外労働はどのように判断するのか

もっとも1週間単位の非定型的変形労働時間制においては、1日あたりの労働時間を10時間以内で定めなければなりません。そのため前述の事例で、Aの労働時間がⒺは9時間、ⒻⒼは10時間を超える日が生じた場合には、たとえ1週間の労働時間の合計が40時間以内に収まっていても、この飲食店は、Aに対して、割増賃金を支払うことが必要です。

1週間単位の非定型的変形労働時間制は、1週間の中で比較的自由に労働時間のやりくりができる制度ですが、日ごとの労働時間（10時間以内）から判断して、割増賃金の支払いが必要になるケースがあることに注意する必要があります。

1週間単位の非定型的変形労働時間制

●1週間単位の非定型的変形労働時間制を採用するための要件

労働者数が30人未満
＋
事業内容が小売業、旅館業、料理・飲食店
→ 労使協定で1週間単位の非定型的変形労働時間制を採用できる

●1週間単位の非定型的変形労働時間制の例

	日	月	火	水	木	金	土	合計
第1週	6	4	4	定休日	6	10	10	40
第2週	定休日	5	4	6	7	9	9	40

1週間単位の非定型的変形労働時間制を採用する際の注意点

1週間単位で労働時間を設定する必要があるため、前述したように、変形期間の開始前（対象の週が始まる前の週の週末まで）に、労働者に書面で各日の労働時間を通知しなければなりません。

そして、変形期間の開始後に設定した労働時間を変更する必要性が生じたとしても、労働者の予定を狂わせるおそれがあるため、原則として変更は認められません。どうしても変更せざるを得ない事情がある場合には、その前日までに労働者に対して通知する必要性があります。

このように、1週間単位の非定型的変形労働時間制は、事前に労使協定を結ぶ必要がある他、書面での各日の労働時間の通知が毎週必要になるため、小規模な事業者にとっては手間がかかる制度といえます。そのため、実際にはあまり活用されていません。

また、1週間単位の非定型的労働時間制は、従業員数30人未満の零細事業者を想定した制度ですが、より小規模な事業場、つまり従業員数が常時10人未満（アルバイト・パートを含む）の事業場については、特例措置対象事業場として扱われる場合があります。その場合は、1週間の労働時間を44時間まで伸ばしても、法定労働時間の範囲内として扱われ、時間外労働として割増賃金の支払いが不要になります。

そのため、あえて煩わしい手続を行って、1週間単位の非定型的変形労働時間制を採用するよりも、1週44時間の特例措置の中で労働時間をやりくりする零細事業場も多いことから、1週間単位の非定型的変形労働時間制はあまり利用が進んでいないという実態があります。

1週間単位の非定型的変形労働時間制における使用者の義務

会社
1週間単位の非定型的変形労働時間制
→ 労使協定の締結＋労働基準監督署に対する届出

使用者 ―1週間の所定労働時間の枠組みを定める【義務】→
労働者

個別の労働日の労働時間は変形期間開始前に通知すればよい

7 フレックスタイム制について知っておこう

清算期間の上限が3か月に延長された

始業と終業の時刻を選択できる

労働者が自分で出退勤の時刻を決めることが適しているような事業について有効な制度が**フレックスタイム制**です。フレックスタイム制は、3か月以内の一定の期間（清算期間といいます）内の総労働時間を定めておいて、労働者がその範囲内で各日の始業と終業の時刻を選択することができる制度です。

2018年の労働基準法改正で、フレックスタイム制の清算期間の上限が1か月から3か月に延長されました。1か月から3か月に延長されることによって、労働者にとって、より柔軟な勤務体系を可能にする制度になることが期待されています。

フレックスタイム制が、いくら比較的自由に労働時間のやりくりを行うことができるといっても、1か月以内という短期間を単位として決められた労働時間分の労働に満たないときは、賃金がカットされることもあるため、労働者の裁量の範囲は制限されていました。しかし、清算期間が3か月に延長されると、ある特定の月において、労働者の事情により、十分に労働に従事できない場合であっても、他の月にその分の労働時間を振り分けることで、より幅広い裁量の下で、労働者が仕事をこなしていくことが可能になるという効果が期待されています。

コアタイムを設定する場合

フレックスタイム制を導入する場合、事業場の労働者全員が必ず労働すべき時間帯を設けるのが一般的です。この時間帯を**コアタイム**といいます。

もっとも、コアタイムを設定しない形でフレックスタイム制を採用することも可能です。また、コアタイムの上限時間もありませんが、コアタイムを定める場合は、必ず労使協定に盛り込む必要があります。

一方、コアタイムの前後の一定の範囲で、労働者が自由に始業時刻と終業時刻を選択できる時間帯を**フレキシブルタイム**といいます。フレキ

シブルタイムの中では、労働者は自由に始業・終業の時刻を決定できますが、労働者の健康面からも深夜に労働に従事させることは好ましくないため、終業時刻を22時程度に設定している企業が多いのが実情です。

割増賃金の支払義務が生じる場合

フレックスタイム制を採用した場合、割増賃金の支払義務が生じるかどうかは、清算期間が1か月以内であるか、それとも1か月超であるかで取扱いが異なります。

① 清算期間が1か月以内の場合

清算期間を平均して1週間あたりの労働時間が週40時間（特例措置対象事業場は週44時間）の法定労働時間（86ページ）の枠を超えなければ、1週間または1日の法定労働時間を超えて労働させても割増賃金を支払う必要はありません。しかし、法定労働時間の枠を超過して働いている労働者には、超過分について割増賃金を支払う必要があります。

② 清算期間が1か月超の場合

次の2つの要件を満たす範囲内であれば、1週間または1日の法定労働時間を超えて労働させても割増賃金を支払う必要はありません。

ⓐ 清算期間を平均して1週間あたりの労働時間が法定労働時間の枠を超えないこと。

ⓑ 清算期間を1か月ごとに区分した各期間（最後に1か月に満たない期間が生じた場合はその期間）を平均して1週間当たりの労働時間が50時間以下であること。

これに対し、ⓐⓑの枠のどちらか一方でも超過して働いている労働者には、その超過分について割増賃金を支払う必要があります。

たとえば、清算期間を1か月半とするフレックスタイム制を導入した場合には、ⓐ1か月半を平均した週労働時間が40時間以内、ⓑ「1か月」「半月」の各期間を平均した週労働時間がともに50時間以内、という双方の要件を満たすときに限り、割増賃金を支払う必要がなくなります。

特定の期間に労働時間が偏ることのないように、清算期間が1か月を超えるときは、ⓑの枠を追加して設けているといえます。

総労働時間と賃金支払いの関係

後述するように、フレックスタイム制を採用するときは、清算期間における「総労働時間」（労使協定で定めた総枠）を定めます。

そして、清算期間における実際の

労働時間が総労働時間を上回っていた場合、過剰した部分の賃金は、その期間の賃金支払日に支払わなければなりません。支払いを翌月に繰り越すことは賃金の全額払いの原則に反する違法行為になります。

逆に、清算期間における実際の労働時間が総労働時間を下回っていた場合、その期間の賃金を支払った上で、不足している労働時間を次の期間に繰り越す（不足分を加えた翌月の総労働時間が法定労働時間の枠の範囲内であることが必要）こともできますし、その期間内で不足している労働時間分に相当する賃金をカットして支払うこともできます。

導入する場合の注意点

フレックスタイム制を導入する場合には、事業場の過半数組合（ない場合は過半数代表者）との間の労使協定で、①フレックスタイム制が適用される労働者の範囲、②清算期間（3か月以内）、③清算期間内の総労働時間、④標準となる1日の労働時間、⑤コアタイムを定める場合はその時間帯、⑥フレキシブルタイムを定める場合はその時間帯、について定めておくことが必要です。③の総労働時間は1か月単位の変形労働時間制と同じ計算方法によって求めます（100ページ）。

また、締結された労使協定の届出については、清算期間が1か月以内の場合は不要です。しかし、2018年の労働基準法改正で導入された清算期間が1か月超の場合は、労働基準監督署への届出が必要です。

メリット・デメリットなど

フレックスタイム制により、労働者は自分の都合で働くことができま

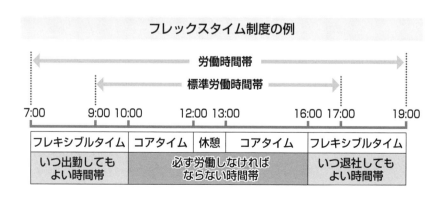

フレックスタイム制度の例

す。しかし、業務の繁閑にあわせて働いてくれるとは限らず、コアタイム以外は在席を指示できないなど、会社側のデメリットが多くあるため、導入しても廃止する会社もあります。

また、フレックスタイム制を導入すること自体が困難な業種もあります。たとえば、編集や設計、研究開発等の業種の会社では、フレックスタイム制を採用すると、日常の業務に支障が生じるおそれがあります。フレックスタイム制では、コアタイム以外は従業員のすべてが集合する機会が少なくなりますが、日常の業務が従業員の協同体制によって成り立つ業種では、従業員が連携することで業務を遂行することが前提になるため、そもそもフレックスタイム制を導入することは困難です。会社側としても、フレックスタイム制を活用しようというインセンティブが生まれにくい状況にあります。

さらに、編集や設計などが典型的ですが、業務量が一定でなく、一時に入る業務の量が膨大になる場合には、フレックスタイム制を採用してしまうと、業務の遂行が難しくなります。時期における業務の増減について見通しが立たない場合も多いため、コアタイムなども、あらかじめ明確に定めておくことができません。

日本ではフレックスタイム制が受け容れられにくいといわれています。ある程度自由に労働時間を決定できるというのは、時間にルーズが許されるとの誤解が生じるおそれがあるため、導入が敬遠される傾向にあります。

総労働時間と賃金との関係

【フレックスタイム制】
⇒ 労使協定により清算期間内の 総労働時間の枠組み の設定が必要

労働者　実労働時間

総労働時間を超えていた場合
⇒使用者は割増賃金を支払わなければならない
※超過部分の賃金は翌月に繰り越すことはできない

総労働時間に満たなかった場合
⇒翌月に清算することや、不足分の賃金カットが可能

8 事業場外みなし労働時間制について知っておこう

労働時間の算定が難しい場合に活用できる

事業場外みなし労働時間制とは

労働基準法は、労働時間の算定が困難な労働者について、**事業場外みなし労働時間制**という制度を採用することを認めています。

一般にタイムカードの打刻によって、労働時間が管理できる労働者とは異なり、事業場外での勤務を主に行い、労働時間の具体的な管理が難しい事業場外労働者について、労働基準法は、「事業場外（事業場施設の外）で業務に従事した場合において、労働時間を算定しがたいときは、所定労働時間労働したものとみなす」（38条の2第1項本文）と定め、容易な労働時間の算定方法を提示しています。簡単に言うと、事業場外労働者の労働時間について、事業場内で働く他の労働者と同じく、始業時刻から終業時刻まで労働したとみなすものです。

事業場外のみなし労働時間制の採用が考えられる例として、外勤の営業職や出張中の場合などが挙げられます。

ただし、労働基準法は、「当該業務を遂行するためには通常所定労働時間を超えて労働することが必要となる場合には、当該業務の遂行に通常必要とされる時間労働したものとみなす」（38条の2第1項但書）とも規定しています。これは、所定労働時間内に終了できない仕事である場合は、始業時刻から終業時刻まで労働したとはみなさず、その仕事をするのに通常必要な時間労働したとみなすことを意味します。

事業場外みなし労働時間制を採用するための要件

事業場外みなし労働時間制を採用するためには、その旨を就業規則に規定することが必要です（労働者が常時10人以上の事業場では、労働基準監督署への就業規則の届出も必要です）。基本的には事業場外で労働に従事する事業場の労働者すべてが対象に含まれますが、18歳未満の者や請求があった妊婦は対象から除かれます。

また、事業場外で勤務する労働者の労働時間については、前述のように「所定労働時間」であるか、または所定労働時間を超える業務を遂行する場合は「当該業務の遂行に通常必要とされる時間」であるとみなされます。

たとえば、ある営業職の従業員の所定労働時間を「6時間」と規定している企業があったとしましょう。この場合、この従業員が実際に働いた労働時間が5時間であっても、反対に、実際に働いた時間が7時間であっても、この従業員が働いた時間は「6時間」であるとみなされます。

一方、所定労働時間を「6時間」と規定していても、特定の営業行為については、その遂行に通常必要な時間が「8時間」である場合は、所定労働時間を超えて「当該業務の遂行に通常必要とされる時間」となりますので、この営業行為にあたった従業員は「8時間」労働したとみなされます。「当該業務の遂行に通常必要とされる時間」は、業務の内容に応じて、個別具体的に客観性をもって判断される必要があります。

労使協定の締結・届出について

事業場外で勤務する労働者の労働時間について、所定労働時間を超える業務を遂行する場合の「当該業務の遂行に通常必要とされる時間」は、使用者が一方的に決定してしまうと、恣意的な時間（不当に短い時間）になるおそれが否定できません。

そこで、事業場の過半数組合（ない場合は過半数代表者）との間で労使協定（事業場外労働のみなし労働時間を定める労使協定）を締結して、あらかじめ、対象業務、有効期間、「当該業務の遂行に通常必要とされる時間」を取り決めておき、それに基づき就業規則などに規定しておくという運用をとることが可能です。

なお、上記の事例では「当該業務の遂行に通常必要とされる時間」は「8時間」として法定労働時間の範囲内に収まっていましたが、仮に通常必要な時間が「10時間」であるというように、法定労働時間を超過した時間の設定が必要になる場合もあります。この場合に、事業場外労働のみなし労働時間を定める労使協定を締結したときは、その労使協定を労働基準監督署へ届け出なければなりません。

適用されないケースもある

外で働く場合であっても、労働時

間を算定できるケースがあります。たとえば、労働時間を管理する立場にある上司と同行して外出する場合は、その上司が始業時刻や終業時刻を把握・記録ができるので、会社が「労働時間を算定しがたい」とはいえない状況であって、事業場外みなし労働時間制は採用できません。

また、労働時間を管理する立場にある上司が同行していないとしても、出先の事業場などにおいて、具体的に何時から業務に従事し、それが何時に終了するのかが明確なケースは、事業場外みなし労働時間制を採用することは困難だといえます。

さらに、会社によっては、営業担当の労働者など対し、業務用の携帯電話を貸与することがあります。その場合は、上司などが随時連絡をとり業務を指示することが可能なので、会社が「労働時間を算定しがたい」とはいえない状況であって、事業場外みなし労働時間制は適用されません。

その他、出社して上司から当日の訪問先や帰社時刻などの具体的指示を受け、それに従い当日の業務に従事した後に帰社するような場合も、事前に決められたスケジュールに沿って業務をこなしているだけですので、基本的には事業場外みなし労働時間制は適用されません。

このように、事業場外みなし労働時間制は、使用者が主観的に労働者の労働時間の管理が困難と感じる程度では適用が認められません。また、労働者と使用者との間で、労働時間の管理が困難であるとの認識が一致している場合であっても、当然に事業場外みなし労働時間制の適用が認められるとは限りません。あくまでも客観的に見て、労働時間の算定が困難な業務内容であると認められることが必要です。

判例においては、旅行添乗員の業務内容について、客観的に労働時間の管理が困難とは認められず、事業場外みなし労働時間制の適用が認められなかったケースがあります。

事業場外みなし労働時間制の適用範囲は狭くなっている

事業場外みなし労働時間制の適用が認められない場合は、実際に働いた時間を計算して労働時間とします。

現在は通信技術が大幅に進化しており、とりわけGPS機能が搭載された携帯電話やスマートフォンが広く普及しています。そのため、これまで事業場外みなし労働時間制が適用されると考えられていた業務につい

ても、労働者の労働時間を「管理・把握することが困難である」と言い難いケースが増えています。そのため、事業場みなし労働時間制の適用範囲は確実に狭くなっています。

なお、在宅勤務制度（139ページ）とも関連しますが、在宅で行うテレワークについては、その業務が私生活を営む自宅で行われること、使用者により業務の遂行に対する具体的な指示や、情報通信機器により常に使用者と通信可能な状態ではない場合は、事業場みなし労働時間制の適用の余地があります。

事業場外労働と残業代の支給の有無

事業場みなし労働時間制は、事業場外の労働時間の全部または一部を所定労働時間とみなす制度です。その労働が所定労働時間を超えて労働しなければ業務を遂行できない場合もありますので、通常は所定労働時間を超える業務を遂行する場合の「当該業務の遂行に通常必要とされる時間」（通常必要時間）について労使間で労使協定を結んでおくとよいことは前述の通りです。

昭和63年の行政通達では、業務を遂行するのに、通常は所定労働時間を超えない場合は「所定労働時間」を労働時間とみなし、通常は所定労働時間を超える場合は「通常必要時間」または「労使協定で定めた時間」を労働時間とみなすとしています。

これによって、時間外手当の計算が簡単になりますが、時間外手当を支払わなくてもよいわけではありません。労使協定で定めた時間が1日10時間なら8時間超となるため、1日2時間の残業代を支給することが必要です。

このように、定められている労働時間が8時間を超えていれば残業代の支払いが必要になります。

午後から外回りに出た場合の労働時間の算定

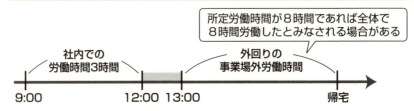

事業場外みなし労働時間制を採用する上での注意点

事業場外みなし労働時間制を採用するためには、労使協定でみなし労働時間を定めた場合、それが8時間以内であれば、労使協定の締結だけでかまいません。

8時間を超えるみなし労働時間を定めた場合は、締結した労使協定を届け出ることが必要になることに注意しなければなりません。

また、営業担当者の事業場外での労働時間は管理できないとして「営業手当」を支給し、残業代を営業手当に含めている会社もあります。しかし、通常必要時間が8時間を超える場合は、月にどの程度事業場外での労働があるかを把握し、「営業手当は〇時間分の残業代を含む」(固定残業代)という形で就業規則などで明記しておかなければ、別途残業代の支払いが必要です(174ページ)。

なお、事業場外みなし労働時間制は、労働時間について「日ごと」に判断する制度であることを認識する必要があります。特に、事業場外での勤務と、事業場内での勤務が混在する場合は、労働時間の算定に注意が必要です。実際の運用では、労働時間としてみなされる時間が「所定労働時間」の場合は、事業場内での勤務も所定労働時間に含めて1日の労働時間を算定します。一方、通常必要時間として労働したとみなされる業務に従事した場合は、通常必要時間とは別に事業場内での労働時間を合算して1日の労働時間を算出することになります。

事業場外みなし労働時間制が適用されないケース

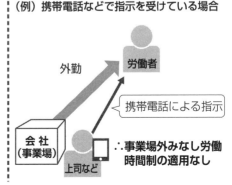

9 裁量労働制について知っておこう

労使協定により定めた時間を労働したものとみなす制度

裁量労働制とは

労働者の労働時間を算定するにあたって、原則は、その労働者の実労働時間を基に算定することになります。しかし、業務の中には必ずしも労働の成果が労働時間と関連しない職種もあります。特に、労働者自身が、業務の遂行について比較的広い裁量が与えられている場合には、その労働者に関して労働時間を「管理する」という概念自体がなじみにくいともいえます。

そこで、労使協定によって、実際の労働時間と関係なく、労使協定で定めた時間を労働したとみなす制度が設けられています。このような労働を**裁量労働**といい、裁量労働により労働時間を測る方法を裁量労働制といいます。裁量労働制には、①労働基準法で定める専門業務に就く労働者について導入可能な専門業務型裁量労働制と、②企業の本社などで企画、立案、調査や分析を行う労働者を対象とした企画業務型裁量労働制の2種類があります。

専門業務型裁量労働制とは

業務の内容が専門的であるという性質上、時間配分などを含めた業務の進行状況など、労働時間の管理について労働者自身にゆだねることが適切である場合に、実労働時間ではなく、みなし労働時間を用いて労働時間の算定を行う制度を**専門業務型裁量労働制**といいます。

たとえば、専門的な業務に従事する労働者について、所定労働時間を「7時間」と規定しておくと、所定の労働日において、実際には所定労働時間よりも短く働いた場合（5時間など）であっても、反対に、所定労働時間よりも長く働いた場合（9時間）であっても、所定労働時間の労働に従事した（7時間働いた）ものと扱うということです。

専門業務型裁量労働制にいう「専門業務」とは、大きく分類すると、新商品や新技術の研究開発、情報処理システムの分析・設計、取材・編集、デザイン考案、プロデューサー・ディレクターなどの業務の他、厚生

労働省令により指定された業務に分類されます。

具体的には、以下の19種類の業務が対象に含まれます。

① 新商品・新技術の研究開発、人文科学・自然科学の研究
② 情報処理システムの分析・設計（ただし、プログラミングは裁量性が高い業務とはいえないため、ここでいう専門業務型裁量労働制の対象業務に含まれません）
③ 新聞・出版事業における記事の取材・編集、放送番組制作における取材・編集
④ 衣服、室内装飾、工業製品、広告などのデザイン考案
⑤ 放送番組・映画製作などのプロデューサー、ディレクター
⑥ 広告・宣伝事業の商品などに関するコピーライター
⑦ システムコンサルタント
⑧ インテリアコーディネーター
⑨ ゲーム用ソフトの制作
⑩ 証券アナリスト
⑪ 金融商品の開発
⑫ 大学教授、准教授、講師
⑬ 公認会計士
⑭ 弁護士
⑮ 建築士
⑯ 不動産鑑定士
⑰ 弁理士
⑱ 税理士（ただし、税理士資格を持っていない者が税務書類の作成業務を行っても、税理士業務を行ったことにはなりません）
⑲ 中小企業診断士

専門業務型裁量労働制を採用するための要件

専門業務型裁量労働制を導入するには、事業場の過半数の労働者で組織する労働組合（過半数組合）、過半数組合がない場合は事業場の過半数を代表する者（過半数代表者）との間で労使協定を結んだ上で、就業規則で専門業務型裁量労働制に関する事項を定めることが必要です。また、労使協定や就業規則は労働基準監督署への届出が必要です（就業規則は常時10人以上の場合に届出が必要です）。

労使協定では、まず対象業務を定めます。対象業務は前述した厚生労働省令で定めた19種類の業務に限られます。社内で「専門業務」と考えても、19種類の業務のいずれかに該当しなければ、専門業務型裁量労働制の適用は認められません。

次に、みなし労働時間を定めます。1日あたり何時間労働したこととし

て労働時間を算定するかを定める必要があり、その時間が対象労働者の労働時間になります。

　その他、業務の遂行・手段・時間配分について会社が具体的な指示をしない、対象労働者（対象業務に従事する労働者）の健康・福祉を確保するための措置を講ずる、労働者からの苦情処理に関する措置を会社が講ずること、有効期間（3年以内が望ましい）などを定めます。

　なお、会社の具体的な指示について、業務について細かく指示命令を行うことは該当しますが、業務の期限を定めることや、業務の進行状況について報告を求める程度であれば、具体的な指示には該当しません。また、対象労働者の健康・福祉を確保する措置については、裁量労働制が労働者の裁量を広く認める一方で、労働者が働きすぎに陥る危険があることから、勤務状況を把握して働きすぎの危険を防ぐため、これらの措置を取り決めておくことを求めています。

専門業務型裁量労働制を採用するメリット

　専門業務型裁量労働制を採用することで、労働者側に自由な裁量が認められますので、労働者が働きやすい形態で、業務に取り組むことが可能になります。また、労働者自身が計画的に業務を遂行できるため、結果的に業務の遂行について効率が上がることにもつながります。

　一方、みなし労働時間を採用することで、ある程度労働時間に対して必要な経費が見積もることが可能ですので、企業側にとっても、経費の予算を組むことが容易になるというメリットもあります。

専門業務型裁量労働制を採用する上での注意点

　専門業務型裁量労働制を採用することで「みなし労働時間」を用いることができるため、労働者の労働時間の管理が比較的容易になります。

　また、労使協定によって、業務遂行に必要な1日の所定労働時間を「みなし労働時間」として定めることが可能で、これは法定労働時間を超える時間でもかまいません。

　さらに、みなし労働時間が時間外・休日・深夜の労働に該当する部分については、割増賃金の支払いが必要になることに注意が必要です。たとえば、みなし労働時間を9時間と定めている専門業務に従事させた場合

は、時間外労働である1時間分の割増賃金の支払いが必要です。

専門業務型裁量労働制を採用した場合、会社側は、労働者の労働時間に加えて、その勤務形態の把握自体も難しくなることがあります。会社側が希望する時間帯における労働者の出勤を確保することが保証できず、労働者が希望する場合には深夜主体の勤務形態を認めることにもなりかねません。特に深夜主体の勤務体系になると、前述のように深夜労働の割増賃金の支払いが必要になるなど、賃金の算定に影響が出る場合があると同時に、労働者の健康状態にも注意が必要になるなど、労使間のトラブルの原因にもなります。そこで、労働者の出社時間に関する事項についても、労使協定で取り決めておくことが望ましいといえます。

企画業務型裁量労働制とは

企画業務型裁量労働制とは、事業の運営に関する特定の業務を担う労働者の労働時間に関して、みなし労働時間を用いて労働時間管理を行う制度をいいます。企画業務型裁量労働制にいう「企画業務」とは、「事業の運営に関する事項についての企画、立案、調査及び分析の業務であって、対象業務の性質上これを適切に遂行するにはその遂行の方法を大幅に労働者の裁量にゆだねる必要があるため、対象業務の遂行の手段及び時間配分の決定等に関し使用者が具体的な指示をしないこととする業務」（労働基準法38条の4第1項）を指します。つまり、企業の事業運営の中

専門業務型裁量労働制を導入する際に労使協定で定める事項

1	対象業務の範囲
2	対象労働者の範囲
3	1日のみなし労働時間数
4	業務の遂行方法、時間配分などについて、従事する労働者に具体的な指示をしないこと
5	労使協定の有効期間（3年以内が望ましい）
6	対象業務に従事する労働者の労働時間の状況に応じた健康・福祉確保措置
7	苦情処理に関する措置
8	⑥と⑦の措置に関する労働者ごとの記録を有効期間中と当該有効期間後3年間保存すること

枢を担う労働者の労働時間に関する制度であるということができます。

企画業務型裁量労働制を採用するための要件

企画業務型裁量労働制の対象になる「企画業務」とは、前述した業務のことです。これらの業務の性質上、業務を適切に遂行するためには、業務の遂行方法や労働時間について、労働者自身の裁量にゆだねることが適切であると考えられるため、労働時間について「みなし労働時間」を採用することを認めたということです。

専門業務型裁量労働制と同様に、たとえば、所定労働時間を「6時間」と規定しておくと、所定の労働日において、実際には所定労働時間より短く働いた場合（5時間など）であっても、反対に、所定労働時間よりも長く働いた場合（7時間）であっても、所定労働時間の労働に従事した（6時間働いた）ものと扱われます。

そして、企画業務型裁量労働制の場合には、労働者と使用者の代表で構成する労使委員会（労働者と使用者それぞれが半数いることが必要です）を設置して、事業場における労働条件に関する事項について調査や審議を行います。その上で、労使委員会が委員の5分の4以上の多数の同意により、対象業務や対象労働者の範囲などを定めて企画業務型裁量労働制の採用を認める旨の決議を行い、これを労働基準監督署に届け出ることが義務付けられています。この届出により、対象労働者が、労使委員会の決議で定めた時間労働したとみなすことができるという制度になっています。このように、労使委員会の決議を必要とするのが企画業務型裁量労働制の特徴です。

労使委員会の決議事項は、対象業務や対象労働者の範囲の他、みなし労働時間、労働者の健康・福祉を確保する措置、労働者の苦情処理のための措置、決議の有効期間（3年以内が望ましい）などが挙げられます。

労使委員会の決議事項について注意すべき点

対象労働者の範囲については、専門業務型裁量労働制と同様に、対象労働者は、使用者から業務の遂行にあたり具体的な指示を受けていないことが必要です。前述した「企画業務」（対象業務）を担当するすべての労働者が企画業務型裁量労働制の対象となるわけではないことに注意が必要です。つまり、対象業務につ

いて使用者から具体的な指示を受けることなく、業務を遂行できる知識や技量が必要だといえます。

一般に職務経験5年以上の労働者であれば、上司などの指示を受けなくても業務の遂行が可能であると判断されます。そのため、特に新卒者などは、対象業務を担当する部署に在籍していても、企画業務型裁量労働制の対象労働者からは除かれます。

もっとも、対象労働者に含まれる場合であっても、実際に企画業務型裁量労働制を適用するためには、その対象労働者から個別の同意を得る必要があります。

さらに、企画業務型裁量労働制が認められる目的として、事業の中枢を担う業務であることが挙げられている点から、適用対象になる事業場は、①本社や本店、②事業の運営について重大な決定が行われる事業場、③本社や本店から独立して事業の運営に必要な重大な事項の決定権限を持つ支社、などに限定される点に留意することが重要です。

なお、企画業務型裁量労働制を採用後も、使用者は、定期的に6か月以内ごとに1回、労働基準監督署に定期報告をする義務を負います。

企画業務型裁量労働制のメリット

企画業務型裁量労働制を採用するメリットは、専門業務型裁量労働制のメリットとほぼ同様です。つまり、労働者がもっとも働きやすい形態で、業務に取り組むことが可能で、労働者自身が計画的に業務を遂行できるため、結果的に業務の遂行について効率が上がります。また、みなし労働時間を採用することで、ある程度給与に関して必要な支出を見積もることができるため、企業にとっても経費の予算を組むことが容易になるというメリットがあります。

もっとも、企画業務型裁量労働制については、対象になる業務、労働者、事業場の範囲に制約がある点に注意しなければなりません。

企画業務型裁量労働制を採用する上での注意点

企画業務型裁量労働制を採用することで、みなし労働時間を用いて、労働者の労働時間の管理が比較的容易になる反面、みなし労働時間が時間外・休日・深夜の労働に該当する部分については、割増賃金の支払いが必要になることは、専門業務型裁量労働制における注意点と同様です。

また、企画業務型裁量労働制を採

用する上で、出勤時間や労働者の深夜主体の勤務形態などについて、企業の目が行き届きにくいという問題があります。

そして、企画業務型裁量労働制の独自の問題点として、労使委員会の設置と決議が必要であること、そして、労働基準監督署に対して、適宜（6か月ごとに1回）必要事項の届出などが必要になるため、より手続として煩雑であるという点に注意が必要になります。

検討されていた改正点はどうなった

2018年の通常国会に提出される予定であった労働基準法の改正案には、当初は、企画業務型裁量労働制について、対象業務に「課題解決型提案営業」と「裁量的にPDCAを回す業務」という2類型を追加すること、対象労働者の健康確保措置を充実すること、手続の簡素化を行うことなどが含まれていました。

これらの改正が検討された理由としては、従来の企画業務型裁量労働制では、対象事務を行う労働者が限定され、企業の実態とかけ離れていたことが挙げられます。そこで、対象業務については、以下のような新たな類型の追加が検討されました。

企画業務型裁量労働制の要件

1	対象事業場	②の対象業務が存在する事業場（本社・本店等に限る）
2	対象業務	事業の運営に関する事項（対象事業場の属する企業などにかかる事業の運営に影響を及ぼす事項や、対象事業場にかかる事業の運営に影響を及ぼす独自の事業計画や営業計画をいう）についての企画、立案、調査と分析の業務であって、当該業務の性質上これを適切に遂行するにはその遂行の方法を大幅に労働者の裁量にゆだねる必要があるため、当該業務の遂行の手段と時間配分の決定などに関し使用者が具体的な指示をしないこととする業務
3	決議要件	委員の5分の4以上の多数による合意
4	労使委員会	委員の半数は過半数組合（ない場合は過半数代表者）に任期を定めて指名されていることが必要
5	定期報告事項	対象労働者の労働時間の状況に応じた健康・福祉を確保する措置について報告
6	決議の有効期間	3年以内とすることが望ましい

・課題解決型提案業務

まず、法人顧客の事業の運営に関する事項についての企画立案調査分析と一体的に行う商品やサービス内容に係る「課題解決型提案営業」の業務の追加が検討されました。たとえば、取引先企業のニーズを調査・分析して、社内で新商品開発の企画立案を行い、ニーズに応じた課題解決型商品を開発の上、販売する業務などがあたります。

・裁量的にPDCAを回す業務

もう一つ、事業の運営に関して、実施の管理や実施状況の検証結果に基づく企画立案調査分析を一体的に行う業務（裁量的にPDCAを回す業務）の追加も検討されました。たとえば、会社全体の品質管理の取組計画を企画立案して、その計画に基づく調達や監査の改善を行い、さらに改善点について取組計画を企画立案する業務があたります。企画立案から実施と検証までが業務に含まれるため、「裁量的にPDCAを回す業務」と呼ばれています。

なお、PDCAとは、「計画（Plan）、実行（Do）、評価（Check）、改善（Action）」の頭文字で、PDCAをサイクル化することは、透明・公正な事業運営を促す目的があります。

さらに、対象労働者の健康確保措置の充実や手続きの簡素化として、以下の改正案も検討されました。

具体的には、使用者が対象労働者の健康・福祉を確保するため、対象労働者の勤務状況を把握する方法を具体的に定めることや、把握した勤務状況に応じ、適切な健康・福祉確保措置をどのように講じるのかを明確にすべきことが検討されました。

そして、企画業務型裁量労働制が定着しつつあることを踏まえて、労使委員会決議について本社一括届出を認めるとともに、定期報告は6か月後に行い、その後は健康・福祉確保措置の実施状況に関する書類の保存を義務付けることでよいとするなど、健康確保措置の簡素化をめざすという内容が含まれていました。

改正案の基になったデータが不適切であったために、2018年通常国会の労働基準法改正案から、上記の項目は削除されました。

しかし、企画業務型裁量労働制の対象範囲を拡大すべきであるとの声は強く、今後、同様の改正が実現される可能性は小さくないため、改正が予定されていた事項について、理解しておく必要があります。

10 特定高度専門業務・成果型労働制（高プロ制度）について知っておこう

成果による報酬設定システムの導入が検討されている

特定高度専門業務・成果型労働制とは

2018年成立の労働基準法改正で、かねてから制度の是非が大きな議論となっていた**特定高度専門業務・成果型労働制（高度プロフェッショナル制度）**の導入が決まりました（以下「高プロ制度」と省略）。

高プロ制度は、職務の範囲が明確である年収の高い労働者が、高度な専門的知識を要する業務に従事する場合に、本人の同意や労使委員会の決議などを要件として、時間外・休日・深夜の割増賃金の支払義務などの規定を適用除外した新たな労働時間制度の選択肢となるものです。時間ではなく成果で評価される働き方を希望する労働者の需要に応えて、その意欲や能力を十分に発揮できるようにすることがねらいです。

一方、長時間労働が常態化する恐れがあることから、使用者は、高プロ制度の対象労働者に対し、一定の休日を確保するなどの健康確保措置をとる義務を負います。

導入するための手続き

高プロ制度を導入する場合には、その前提として、導入の対象となる事業場において、使用者側と当該事業場の労働者側の双方を構成員とする「労使委員会」を設置しなければなりません。

その上で、労使委員会がその委員の5分の4以上の多数による議決により、対象業務や対象労働者などの事項に関する決議をして、当該決議を使用者が所轄労働基準監督署に届け出ることが必要です。

さらに、高プロ制度が適用されることについて、対象労働者から書面による同意を得ることが求められます。同意をしなかった労働者に対して、解雇その他の不利益な取扱いを行うことは許されません。なお、国会提出後の法案修正によって、高プロ制度の適用を受けて働き始めてからも、その適用を労働者の意思で撤回できる（高プロ制度の適用対象外となる）ことが追加されました。

以上の手続きを経て、対象労働者

を事業場の対象業務に就かせたときは、労働時間・休憩・休日・深夜労働に関する規定は、対象労働者については適用されなくなります。

労使委員会で決議すべき主な事項

高プロ制度を導入する際に、労使委員会で決議すべき主な事項は、①対象業務の範囲、②対象労働者の範囲、③健康管理時間、④長時間労働防止措置といった事項です。

① 対象業務の範囲

高プロ制度の対象業務は、高度の専門的知識などが必要で、業務に従事した時間と成果との関連性が強くない業務です。

たとえば、金融商品の開発業務やディーリング業務、アナリストによる企業・市場等の高度な分析業務、コンサルタントによる事業・業務の企画・運営に関する高度な助言などの業務が念頭に置かれています。

② 対象労働者の範囲

高プロ制度の対象労働者は、使用者との間の書面による合意に基づき職務の範囲が明確に定められており、かつ、年収見込額が基準年間平均給与額の3倍の額を相当程度上回る水準以上（厚生労働省令により年収約1000万円以上となる予定）である労働者です。

③ 健康管理時間

健康管理時間とは、対象労働者が「事業場内に所在していた時間」と「事業場外で業務に従事した場合における労働時間」とを合計した時間のことです。

労使委員会は、健康管理時間の状況に応じて、使用者が講ずるべき対象労働者の健康、福祉確保措置（健康診断の実施など）を決議します。

④ 長時間労働防止措置

労使委員会は、労働者の長時間労働を防止するため、次の3つの措置を使用者がすべて講ずべき旨を決議します。

ⓐ 対象労働者に対し、4週間を通じ4日以上、かつ、1年間を通じ104日以上の休日を与えること。

ⓑ 対象労働者の健康管理時間を把握する措置を講ずること。

ⓒ 対象労働者に24時間につき継続した一定時間以上の休息時間を与えるか、対象労働者の健康管理時間を1か月または3か月につき一定時間を超えない範囲にするなどの措置を講ずること。

どんな影響が生じ得るのか

高プロ制度では、労働時間ではな

く成果で報酬が決定されるため、①労働基準法上の１日８時間、１週40時間という労働時間の規制、②６時間を超えて働かせる場合の45分以上の休憩、８時間を超えて働かせる場合の１時間以上の休憩を取らせるという休憩時間の規制、③週１回の休日または４週４回の休日を取らせるという休日の規制に加えて、④深夜労働に関する規制の適用も除外されます。

これにより、高プロ制度の対象労働者に対しては、時間外・休日・深夜の各労働に対する割増賃金の支払義務がなくなるため、法案審理にあたっては「残業代ゼロ法案」であるとの批判などが加えられていたところです。

なお、高プロ制度導入にあたって、対象者についての年収（約1000万円）要件が定められています。しかし、厚生労働省は、年収の中に通勤手当が含まれる場合があるとの立場をとっています。たとえば、新幹線などを用いて遠方から通勤している労働者は、年収の内訳として通勤手当に該当する金額が相当な割合におよぶ場合も考えられます。このとき、実質的には年収約1000万円を下回る労働者であっても、通勤手当を含めると年収が上記水準を超えれば、高プロ制度の対象になるおそれがあります。

一方、厚生労働省は、諸手当の中でも支払われることが確実であるといえないものは、年収から除外されるとの立場をも示しており、高プロ制度の運用の実態については、不明確な部分が少なくありません。

特定高度専門業務・成果型労働制

特定高度専門業務・成果型労働制（高度プロフェッショナル制度）

対象労働者

- 年収が平均給与額の３倍以上
- 対象業務
  ⇒高度な専門的知識など

→

健康確保措置
- 年間104日の休日を確保する措置の義務化
- インターバル措置（努力義務）　など

成果型報酬制度の導入
- 法定労働時間（１週40時間、１日８時間）、休憩時間、休日、深夜労働に関する労働基準法上の規制の適用対象外　など

11 妊娠中、産前産後の保護制度について知っておこう

働く女性すべてに認められる権利

■労働基準法の保護規定

　労働基準法は、妊産婦（妊娠中の女性と産後1年を経過しない女性）および胎児の心身の健康を守り、出産後の母体の健康回復や育児などを考慮した職場環境作りをするための規定が置かれています。

　まず、産前産後の休業期間とその後30日間は解雇を禁止しており、妊娠・出産に伴い職場を失うことがないようにしています。

　それ以外にも、①トンネルなどを含む坑内での業務や危険有害業務の就業制限（64条の2、64条の3）、②軽易な業務への転換（65条3項）、③労働時間や休日などの制限（66条）などの規定があります。

■危険有害業務などの就業制限

　妊産婦が危険有害業務などに就業することによって、流産の危険が増し、また健康回復を害するおそれも高まることから、就業を制限する規定が置かれています。

　まず、トンネル内での工事などの坑内業務については、妊娠中の女性を従事させることができません。また、産後1年を経過しない女性が申し出れば、その女性を坑内業務に従事させることはできません。

　次に、重量物を取り扱う業務や有毒ガスが発生する場所での業務など、妊娠・出産・保育に悪影響を及ぼす危険有害業務については、妊娠中の女性を従事させることができません。

　また、産後1年を経過しない女性も、原則としては危険有害業務に従事させることができませんが、その女性から従事しない旨の申し出がない限り、従事させることができる業務もあります。

■軽易な業務への転換

　妊娠中の女性が請求した場合、使用者は、その女性を現在の業務よりも軽易な業務に転換させなければなりません。たとえば、外を歩き回る営業の仕事から、屋内での事務仕事に移すことなどが考えられます。社内に適当な「軽易な業務」がないこ

ともありますが、このような場合は新たに軽易な業務を作る必要はなく、一部の業務を免除するなどの対応をすれば足ります。

労働時間や休日などの制限

妊産婦が請求した場合、会社が変形労働時間制（95ページ）を採用していても、労働基準法上の法定労働時間（1日8時間、1週40時間が原則）を超える労働をさせることはできません。また、妊産婦が請求した場合、使用者は、時間外労働や休日労働をさせることや、深夜業に就業させることはできません。

産前産後休業

産前産後の休業は、母体の保護と次世代を担う労働力の保護という観点から設けられた制度です。

6週間（双子などの多胎妊娠の場合は14週間）以内に出産することが予定されている女性が産前休業を請求した場合、使用者は、その女性を就業させてはいけません。

また、産後休業は出産日の翌日から8週間です。出産後8週間を経過するまでは、女性からの請求の有無にかかわらず就業させてはなりません。ただし、産後6週間を経過した女性については、女性が就労したいと請求し、医師が支障ないと認めた

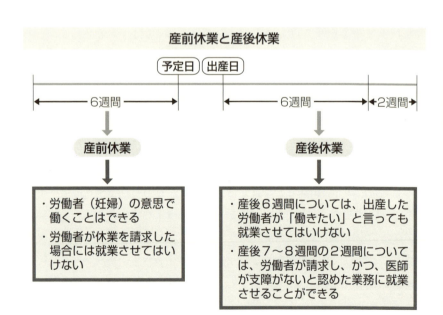

産前休業と産後休業

業務に就業させることはできます。そして、産後休業に続く育児のための休業が育児休業と位置付けられます（198ページ）。

産前休業と産後休業では性質が違いますから、就業規則で単に「産前産後あわせて14週間を産前産後の休業とする」と規定することはできません。労働基準法でいう「出産」とは、妊娠4か月以上の分娩を意味します（死産・流産を含みます）。なお、産前産後の休業中を有給とすることは義務付けられていません。

育児時間は通常の休憩時間とは異なる

生後1年に達しない生児を育てる女性は、1日2回各々少なくとも30分、生児を育てるための時間（育児時間）を請求できます（労働基準法67条）。これは女性が授乳などの世話のため、作業から離脱できる時間を法定の休憩時間とは別に与えるものです。

ここでの「生児」には、実子・養子ともに含みますので、その女性が出産した子であるか否かは問いません。注意したいのは、育児時間は「請求できる」としている点です。つまり、女性が請求した時に、はじめて会社に育児時間を与える義務が発生します。

1日につき2回という回数も、本人が希望すれば1回でもかまいません。時間についても「少なくとも30分」とありますので、使用者の方でそれ以上の時間を与えることはかまいませんし、労使協定を結んだ場合は、まとめて1日1回60分（育児時間を連続2回取得したものと扱う）とすることも可能です。

通常の休憩時間と異なり、育児時間を就業時間の開始時や終了時に与えることもできます。1日のどの時間帯で育児時間を与えるかは、労働者と使用者が話し合って決めることになりますが、基本的には本人の請求した時間に与えるのが望ましいといえます。

育児時間は正社員だけでなく、パートタイマーやアルバイトにも与えられます。ただし、1日の労働時間が4時間以内の女性従業員から請求があった場合は、1日1回少なくとも30分の育児時間を与えればよいとされています。また、育児時間中を有給とすることは義務付けられていません。

12 子育て期間中の労働時間はどのように配慮されているのか

勤務時間の短縮、所定外労働の免除が義務付けられた

子が3歳到達までは所定労働時間を短縮できる

　基本的な生活習慣が身につく3歳くらいまでは、子の養育に手がかかるため、限られた時間の中で仕事と子育てが両立できる環境が必要です。

　そこで、育児・介護休業法23条は、育児休業の取得中でない3歳未満の子を養育する労働者の申し出により、事業主（企業）がとるべき措置として、以下のものを規定しています。

① 所定労働時間（会社の就業規則などで定められた労働時間のこと）の短縮（短時間勤務制度）
② 所定外労働（所定労働時間を超えて行う労働のこと）の免除
③ フレックスタイム制
④ 始業・終業時刻の繰上げ・繰下げ（時差出勤制度）
⑤ 託児施設の設置運営
⑥ ⑤に準ずる便宜の供与
⑦ 育児休業制度に準ずる措置（子どもが1歳から3歳未満の場合）

　①～⑦の措置うち、①②の措置はすべての事業主に義務付けられているのに対し、③～⑦の措置は努力義務（遵守するように努めなければならないが、違反しても罰則などが科せられない義務のこと）となっています。

　これにより、育児休業を取得してない3歳未満の子どもを養育する労働者の申し出があれば、1日の所定労働時間を原則6時間とする①の措置を講じなければなりません。ただし、日雇い労働者や1日の所定労働時間が6時間以下の者は、短時間勤務制度の対象から除外されています。

　また、短時間勤務制度が認められない労働者を定める労使協定を結ぶことによって、以下の者を対象外とすることができます。

ⓐ 継続雇用1年未満の者
ⓑ 1週間の所定労働日数が2日以下の者
ⓒ 業務の性質または業務の実施体制に照らして、短時間労働勤務の措置を講ずることが困難な者

　もっとも、上記のⓒに該当する者に対して①の措置を講じない場合に

は、事業主は、③〜⑦のいずれかの措置を講じなければなりません。

所定労働時間を超えてはいけない

所定労働時間の短縮と同様に、事業主には、所定外労働の免除（前述した②の措置）を講ずることが義務付けられています。つまり、育児休業の取得中でない3歳未満の子を養育している労働者から請求があった場合、すべての事業主は、事業の正常な運営を妨げる場合を除き、その労働者に所定労働時間を超える労働（残業）をさせることができません。

ただし、日雇い労働者は適用対象外です。また、ⓐ継続雇用1年未満の労働者、ⓑ1週間の所定労働日数が2日以下の労働者については、労使協定を結ぶことによって、所定外労働の免除の適用対象外とすることができます。

標準報酬改定や標準報酬月額の特例

育児休業取得後に、職場復帰する労働者の労働条件が育児休業取得前と異なることもあります。取得前よりも報酬が低下した場合、育児をしている労働者の経済的な負担を少しでも軽くするため、標準報酬月額を改定する制度が認められています（育児休業等終了時改定）。子が原則1歳になるまでの育児休業だけでなく、3歳までの子を養育するために休業した場合も、標準報酬月額の改定を利用することができます。

また、3歳未満の子を養育している労働者の将来の年金の受給が不利にならないようにするための「養育期間標準報酬月額の特例」という制度もあります。これらの手続きは事業主が行います。事業主は社会保険料の制度を踏まえた上で、育児中の

所定外労働の免除と例外

3歳までの子どもを養育している労働者 → 所定外労働の免除を請求 → 事業主

- 【原則】請求者（労働者）に所定外労働（残業）をさせることはできない
- 【例外】事業主は「事業の正常な運営を妨げる場合」には拒むことができる

⇒「その労働者の担当する業務の内容、代替要員の配置の難しさなどを考慮して」客観的に判断される

労働者について雇用管理をしなければなりません。

子が小学校就学までの期間の労働時間の配慮

小学校に入る前の子どもを養育する労働者が、働きながら子育てできることを支援するために、育児・介護休業法では事業主が講ずべき措置が定められています。事業主は、法定の措置に準じて、必要な措置を講ずる努力義務も負います。

事業主が講ずべき措置として、小学校就学前の子どもを養育する労働者については、その請求（申し出）により、①看護休暇、②時間外労働の制限、③深夜業の免除という措置を講ずることが義務付けられています。

看護休暇について

看護休暇とは、小学校就学前の子を養育する労働者が、病気やケガをした子の看護のために休暇を取得することができる制度です。育児・介護休業法は、事業主（会社）に対して看護休暇の付与を義務化しています。看護休暇を取得できるのは、小学校就学前の子を養育する労働者です。該当する労働者は、病気やケガをした子の世話をする場合、事業主に申し出ることで、看護休暇を取得することができます。

事業主は看護休暇の申し出を拒絶できませんし、年次有給休暇で代替させることもできません。ただし、労使協定で看護休暇の対象外とされた労働者については、事業主は申し出を拒否することができます。

具体的には、事業主に引き続き雇用された期間が6か月に満たない労働者や、週の所定労働日数が2日以下の労働者については、労使協定の締結により看護休暇の対象外とすることができます。

看護休暇は、1年間につき5日間（小学校就学前の子が2人以上の場合は10日間）を限度として取得することができます。この場合の「1年間」とは、事業主が別段の定めをした場合を除いて、4月1日から翌年3月1日までの期間を意味します。2017年1月施行の改正育児・介護休業法により、半日（所定労働時間の2分の1）単位での看護休暇の取得も可能になっています。

看護休暇の取得によって休業した日の賃金の取扱いは、育児休業や介護休業と同様です。つまり、有給とするか無給とするかは労使協定や就業規則などの定めにより、労働者が

休業した期間は年次有給休暇の出勤率を計算する際に出勤扱いとなります。

なお、労働者が看護休暇の申し出をし、これを取得したことを理由に、解雇などの不利益な取扱いをしてはいけません。

時間外労働が制限されている

小学校就学前の子どもを養育する労働者（日雇い労働者を除く）が請求した場合には、1か月24時間、1年150時間を超える時間外労働をさせることはできません。事業主は、事業の運営を妨げる場合を除いて、この請求を拒むことはできません。

ただし、①継続雇用1年未満の者、②1週間の所定労働日数が2日以下の者は、適用除外者として規定されていますので、時間外労働の制限の請求を行うことができません。

時間外労働の制限について、労働者は事業主に対して、制限開始予定日の1か月前までに、制限を求める期間（1か月以上1年以内の連続する期間）を明示して請求する必要があります。また、この請求に回数の制限はありませんので、子どもの小学校就学前であれば何度でも時間外労働の制限を請求することができます。

請求による深夜業の免除

小学校就学前の子どもを養育する労働者（日雇い労働者を除く）が請求した場合、夜の10時から翌朝5時

子育てをする労働者に対する企業側の対応

	内容・企業の対応
育児休業制度	原則として子が1歳になるまで。子の小学校就学まで育児休業に準じる措置についての努力義務
所定労働時間の短縮	子が3歳までは義務、子の小学校就学まで努力義務
所定外労働の制限	子が3歳までは義務、子の小学校就学まで努力義務
子の看護休暇	子の小学校就学まで義務
時間外労働の免除・制限	子の小学校就学まで義務(子が3歳までは免除)
深夜業の免除	子の小学校就学まで義務
始業時刻変更等の措置	子の小学校就学まで努力義務

までの深夜の時間帯に労働をさせることはできません。事業主は、事業の正常な運営を妨げる場合を除いて、この深夜業の免除の請求を拒むことはできません。

ただし、以下のいずれかに該当する労働者は、深夜業の免除の適用除外者となっています。

① 継続雇用1年未満の者
② 深夜において保育する条件を満たす16歳以上の同居の家族がいる者
③ 1週間の所定労働日数が2日以下の者
④ 所定労働時間の全部が深夜にある者

なお、深夜業の制限について、労働者は事業主に対して、制限開始予定日の1か月前までに、制限を求める開始日と終了日（1か月以上6か月以内の連続する期間）を明示して請求する必要があります。この請求にも回数の制限はありません。

養育者に対する均衡措置とは

上記の法律上の制度や措置をとることが事業主の義務ではない場合であっても、子の養育と仕事を両立させるために、必要な措置を採るよう努力が求められている場合があります。たとえば、1歳から3歳までの子どもを養育する労働者について、育児休業に準じる措置や、始業時刻変更等の措置を講じることが挙げられます。始業時刻変更等の措置とは、フレックスタイム制の導入などを指します（111ページ）。

その他会社側が配慮すること

事業主は、雇用する労働者に対する転勤命令など、就業の場所の変更を伴う配置変更を行う場合、就業場所の変更により働きながら子を養育することが困難になる労働者がいるときは、子の養育の状況に配慮しなければなりません。

また、事業主は、所定労働時間の短縮措置（短時間勤務制度など）、所定外労働の制限、時間外労働の免除・制限、深夜業の免除、看護休暇などの申し出や、これらの取得を理由として、その労働者に対して、解雇などの不利益な取扱いをすることは認められません。不利益な取扱いとは、解雇をすることの他、勤務しなかった日数を超えて賃金を減額することや、賞与や昇給などで不利益な算定を行うことなどが該当します。

13 在宅勤務と短時間正社員制度について知っておこう

労働者のライフスタイルに応じた柔軟な勤務形態もある

■在宅勤務制度とは

在宅勤務制度とは、労働者が、労働時間の全部または一部について、自宅などにおいて、情報通信機器を利用して働く勤務形態をいいます。情報通信機器を利用することで、働く場所や時間を柔軟にする勤務形態を、一般にテレワークといいます。現在、一般の企業に勤務している人が、インターネットなどの通信環境を利用して、自宅から業務を行うケースも増えています。国土交通省の「平成26年度テレワーク人口実態調査」によると、自宅でICT(インターネット等の情報通信技術)を使って仕事をする「在宅型テレワーカー」は、約550万人と推計されています。

また、在宅勤務制度は、必ずしも働く場所が自宅に限られるわけではなく、実際に会社が存在する場所とは、遠く離れた場所に設置されている、サテライトオフィスに勤務する形態もあれば、自宅以外の場所において、ノート型PCやタブレット端末を用いて、仕事を行うモバイル勤務の形態もまた、在宅勤務制度に類似した勤務形態として、企業で導入されている例があります。

在宅勤務制度の対象労働者は、あくまでも使用者との間で、雇用関係がある労働者でなければなりません。ただし、労働日のすべてが在宅勤務である労働者のみが対象になるわけではなく、週のうちの数回や、1日のうちの午前中のみ、といった部分的に在宅勤務制度を利用することも可能です。

また、在宅勤務制度の対象労働者は、仕事を寝食に用いる自宅で行っていることや、勤務にあたり、勤務の内容はもちろん、勤務全体を通じて、使用者によって常時通信可能な状態であるなど、指示を受けることが可能な体制になっていない場合には、事業場外みなし労働時間制の適用対象になることがあります。

■在宅勤務のメリットとデメリット

少子化・高齢化の進展に伴い、前

述のように在宅勤務制度が普及することで、育児や介護と両立して仕事に就くことができます。また、家庭などを職場にすることができるため、仕事に対する集中力が向上し、結果として仕事の効率や生産性が上がることも期待されています。

さらに、災害対策、過疎化といった社会問題に対しても、在宅勤務制度は有効な対策になることが期待されています。つまり災害などによって、社員が、通常の勤務をすることができなくなったとしても、在宅勤務のシステムができていればその社員は退職せずにすみます。

また、在宅勤務で使用する機器等は、社員個人が持っている通信環境を用いる場合が多く、在宅勤務の開始で、会社が新たに負担する費用がない場合がほとんどです。会社にとっても、経験を積み重ねてきた優秀な社員を失うことなく業務を継続させることができますし、災害で交通網が分断されたときなどにも、業務を止めずに対応できるといった効果が期待されます。このため、国も在宅勤務の態勢作りを後押ししています。

このように見ると、労使双方にとって、在宅勤務は大きなメリットがある働き方だといえます。しかし、在宅勤務には労務管理が難しいという問題点もあります。自宅で仕事をするとなると、プライベートと仕事の線引きがしにくく、管理者の目が行き届かなくなります。特に事前に労働時間などについて大枠の合意をしておかないと、労働者が深夜を中心に仕事を行うことが多くなったために、割増賃金などが発生するなどの問題が生じる場合も考えられます。

また、在宅勤務制度の生命線ともいえる、情報通信機器の整備に関しても、注意しなければならない点があります。まず、必要な情報通信機器のすべてを、企業側で準備しなければならないとなると、その費用は相当な金額にのぼります。しかし、仮に必要な情報通信機器について、労働者が私的に所有している物を利用する場合にも、企業はそれだけで安心してはいけません。なぜならば、企業側で用意した情報通信機器については、企業側が必要であると考えた、情報の管理体制を統一的に敷くことが可能になりますが、労働者が持っている物を利用するとなると、情報管理などの点で、すべての労働者の情報通信機器をチェックすることは、負担が大きいというよ

りも、事実上不可能に近いといえるからです。そのため、情報漏えいのリスクが高いという点について、企業側はしっかり認識を持っておく必要があります。

どのように管理すればよいのか

在宅勤務制度を採用するにあたって、必要な情報通信機器の整備や労働時間はもちろん、業務内容の報告方法や通信にかかる費用の分担、データ管理・情報保護の手順なども、通常の就業規則とは別に規程を置かなければなりません。

在宅勤務制度を導入する際には、それぞれの会社の事情に合わせた体制作りが不可欠です。たとえば在宅勤務制度のために、新たな労務管理制度の設置体制が整っていない会社は、完全な在宅勤務制度を採用すると大きな負担がかかります。そこで、無理なく採り入れるために、1週間のうちの2日程度を在宅勤務にするなどの工夫をすることで、負担を軽減することができます。

短時間正社員制度とは

短時間正社員制度とは、フルタイムの正社員として働くことが困難な労働者について、処理する事務の質は他の正社員と異ならないのに対し、就労時間が他の正社員よりも短い正規雇用型の労働者を指します。

短時間正社員に該当するためには、①期間の定めのない雇用契約（無期労働契約）を締結していること、②時間単位の基本給や賞与、退職金などの算定にあたり同等の業務を担う他の正社員と同様に扱われること、という条件を満たす必要があります。つまり、短時間正社員制度の対象になる労働者は、あくまでも正社員で

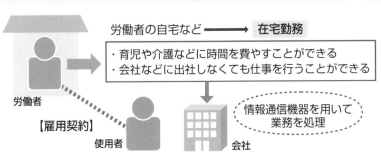

すので、派遣社員やパート社員とは明確に区別しなければなりません。

短時間正社員制度も、在宅勤務制度と同様に、育児や介護によりフルタイムでの勤務が困難な労働者について、正社員として自身の時間の許す範囲における柔軟な勤務形態を認める制度です。また、より多様な人材を正社員として登用することが可能である点が特徴です。たとえば、定年退職後も引き続き雇用を望む高齢者や、正社員としての地位が認められるため、パート社員などにおけるキャリアアップの一環として導入するなど、短時間正社員制度の活用方法は多様性があります。

短時間正社員制度のメリットとデメリット

我が国においては、かつては正社員はフルタイム勤務が可能な人を対象としてきた傾向が強く、どんなに有能な人物であっても、育児・介護などが原因で、正社員への道を断念せざるを得ないという状況が長く続いてきました。これによって、労働者の雇用機会を奪うことはもちろん、事情を抱える有能な人材について、企業も手放さざるを得ないという問題点がありました。

これに対して、短時間正社員制度は、まかせる職種は正社員と同質であるにもかかわらず、他の正社員よりも短就労時間での勤務が認められていますので、多様な人材が正社員としての勤務が可能になります。また、特にパート社員などの非正規雇用型の労働者にとっては、キャリアアップの一環として、通常の正社員とは異なる形態が増えることで、より正社員登用のチャンスが拡大することにもつながります。

そして、企業側にとっても、有能な人材を、短時間正社員制度を通じて確保することができるため、企業全体の生産性や効率が向上するとともに、少子・高齢化が進む我が国において、企業の社会的責任を果たすきっかけとして、短時間正社員制度を位置付けることも可能です。

もっとも、短時間正社員制度においては、質的にはフルタイムの正社員と同様の条件で、雇用関係を締結するということが原則ですので、他の正社員との物理的な差が不均衡を招くおそれがあります。たとえば、担当する業務の質が同等であっても、やはり就労している時間が絶対的に少ない短時間正社員は、賃金の算定や休憩時間などをめぐり、フルタイ

ムの正社員との間に差が生じます。特に、実際の就労時間に限らず、一定金額の時間外労働手当金などを支給している企業においては、短時間正社員については、一定の割合に基づいて、控除額を設けないと、フルタイムの正社員よりも、過度に有利な雇用条件になりかねません。

このように、短時間正社員制度を採用するにあたって、企業は不均衡が生じないように留意しつつ、細かな労働条件を練る必要があります。

どのように管理すればよいのか

企業が短時間正社員制度を導入する際には、まずは短時間正社員制度導入の目的を明確に定めて、労働者に周知する必要があります。特に対象労働者を、不必要に限定する制度を採用してしまうと、他の正社員からの理解が得られず、制度がうまく機能しない原因になってしまいます。

また、労働条件についても綿密に検討する必要があります。あくまでも正社員として登用する制度である以上、成果評価や人事評価の方法について、原則的に他の正社員と同様の基準に従って判断する必要があります。さらに、キャリアアップの方法として、短時間正社員制度を導入する企業については、具体的なキャリアの相互転換に関する規定を、あらかじめ明確に規定しておく必要があります。

短時間正社員制度

正社員 フルタイム
（例）9:00 始業 ─── 18:00 終業

短時間正社員 短時間正社員制度　育児・介護など　必要な事柄に時間を充てることができる
（例）9:00 始業　13:00 終業
可能な範囲で仕事を継続できる

① 期間の定めのない雇用契約（無期労働契約）を締結していること
② 時間単位の基本給や賞与、退職金などの算定にあたり同等の業務を担う他の正社員と同様に扱われること ➡ 担当する業務の質は他の正社員と同様　∴派遣社員やパート社員は対象にならない

Column

年少者の労働時間

　労働基準法では、年少者とは、満18歳に満たない者をいい、さらに、満15歳に達した日以後の最初の3月31日が終了するまでの者を児童といいます。つまり、年少者は18歳未満の者、児童は義務教育である中学校を卒業するまでの者を指します。例外として、非工業的事業に関する職業で、児童の健康・福祉に有害でなく、その労働が軽易なものについては、所轄労働基準監督署長の許可を受けて、満13歳以上の児童を修学時間外に使用可能です。

　なお、映画の制作・演劇の事業については、ILOの国際条約においても子役の就業を認めており、満13歳未満の児童も、所轄労働基準監督署長の許可を受けて、修学時間外に使用可能です。

　そして、「満13歳以上の児童」について、上記の許可がなされた場合、児童の労働時間は、修学時間（当該日の授業開始時刻から同日の最終授業終了時刻までの時間から休憩時間を除いた時間）を通算して、1週40時間、1日7時間を超えることはできません。修学時間のない日曜日に児童を労働させることは、別に修学日に法定の休日が与えられているのであれば問題ありません。

　一方、「満18歳未満の年少者」については、原則として時間外・休日労働を行わせることはできませんし、変形労働時間制も適用できません。たとえば、変形労働時間制により運営されている事業場においても、1週40時間を超えて労働させることはできません。したがって、所定労働時間が1日8時間、1週40時間の事業場では、日曜日から土曜日までの同一の週における休日の変更はできますが、他の週に休日を変更することはできません。ただし、非常災害時などの場合には、所轄労働基準監督署長の許可を条件に、必要な限度で、時間外労働や休日労働をさせることができます。

　なお、使用者は、原則として年少者を深夜（午後10時から午前5時まで）に使用することができません。

第 5 章

賃　金

1 賃金について知っておこう

労働の「対償」として使用者から支払われるもの

賃金は労働の対償である

 賃金は、一般的に「給与」と呼ばれています。労働基準法上の賃金には、労働の直接の対価だけでなく、家族手当、住宅手当のように労働の対価よりも生計の補助として支払うものや、通勤手当のように労働の提供をより行いやすくさせるために支払うものも含まれるとされています。さらに、休業手当、年次有給休暇中の賃金のように、実際に労働しなくても労働基準法が支払いを義務付けているものも、労働基準法上の賃金に含まれます。

 また、賞与や退職金などは、当然には労働基準法上の賃金にあたりませんが、労働協約・就業規則・労働契約で支給条件が決められていれば、使用者に支払義務が生じるので、賃金に含まれるとされています。

 これに対し、ストック・オプションは、労働基準法上の賃金に含まれません。ストック・オプションとは、会社が役員や労働者に自社株を購入する権利を与えておき、一定の業績が上がった際に、役員や労働者がその権利を行使して株式を取得し、これを売却して株価上昇分の差益を得ることができる制度です。

 なお、賃金は労働の提供への対償としての性質を持っています。そのため、会社が出張や顧客回りのために交通費を支給する場合がありますが、これは会社の経費なので賃金には含まれません。

給与の範囲は法律によって異なる

 法律によって「給与」の範囲が異なる場合もあります。

 たとえば、労働基準法では、労働契約・就業規則などによって支給条件があらかじめ明確にされている退職金や結婚祝金・慶弔金などは、給与(労働基準法では給与のことを「賃金」といいます)に含めます。

 一方、社会保険(健康保険や厚生年金保険)では、退職金や結婚祝金・慶弔金などは、労働契約・就業規則などによってあらかじめ支給条件が明確にされていても、給与(社会保

険では給与のことを「報酬」といいます）に含めないとされています。

おおまかにいうと、労働基準法では、給与の支払確保のため、給与の範囲を広くとっていると考えられます。その他、労働保険（労災保険と雇用保険は給与の範囲が同じ）、社会保険（健康保険と厚生年金保険は給与の範囲が同じ）、源泉所得税などにおいて、少しずつ給与の範囲が違うということです。

賃金支払いの5つのルール

労働基準法では、労働者保護の観点から、労働者が提供した労働について確実に賃金（給与）を受けとることができるようにするためのルールを定めています。そのルールは5つありますが、まとめて賃金支払いの5原則と呼ばれています。

① 通貨払いの原則

賃金は日本円の通貨で支払わなければなりません。日本円以外のドルなどの外国の通貨で支払うことはできません。ただし、労働者の同意に基づく銀行振込や、労働協約に基づく現物支給などが認められます。

② 直接払いの原則

賃金は従業員本人に対して支払わなければなりません。親や子などの家族の者であっても、本人の代理人として賃金を受けとることは許されません（本人の使者として他人が受け取ることは可能）。

③ 全額払いの原則

賃金は定められた額の全額を支払わなければなりません。ただし例外として、ⓐ社会保険料、所得税、住民税などを法令に基づいて控除することや、ⓑ労使協定で定めたもの（親睦会費、労働組合費、購買代金など）を控除することなどは認められます。

④ 毎月1回以上払いの原則

賃金は毎月1回以上支払わなければなりません。年俸制を採用している事業場であっても、年俸額を分割して毎月1回以上給与を支払う必要があります。

⑤ 一定期日払いの原則

賃金は毎月決められた一定の期日に支払わなければなりません。

なお、退職金、結婚祝金、災害見舞金、賞与などの臨時に支払われる賃金は、④の毎月1回以上払いと、⑤の一定期日払いの例外となります。

最低賃金とは

賃金の額は使用者と労働者との合意のもとで決定されるものですが、景気の低迷や会社の経営状況の悪化

などの事情で、一般的な賃金よりも低い金額を提示する使用者がいないとも限りません。

そのような場合、賃金をもらって生活をしている労働者の立場では、提示額をそのまま受け入れざるを得ないという状況になり、苦しい生活環境を強いられるということも考えられます。

そこで、国は最低賃金法を制定し、賃金の最低額を保障することによって労働者の生活の安定を図っています。最低賃金法の対象となるのは労働基準法に定められた労働者であり、パートタイマーやアルバイトも当然に含まれます。また、派遣社員については、派遣先の所在地における最低賃金を満たしているのかどうかが判断されることになります。

たとえば、個別の労働契約で、最低賃金法を下回る賃金を設定していたとしても、その部分は無効であり、最低賃金法が定める賃金額で契約したものとみなされます。もし、最低賃金法を下回る賃金しか支払っていない期間があれば、事業者はさかのぼってその差額を労働者に支払わなければならなくなります。

最低賃金の種類

最低賃金には、①地域別最低賃金、②特定最低賃金（従来の産業別最低賃金）があります。どちらも都道府県ごとに時間給で設定されており、ほぼ毎年10月頃に最低賃金額が改定されています。最低賃金法の趣旨を活かすために、物価等の地域による差を考慮しています。

地域別最低賃金と特定最低賃金とが競合する場合には、原則として金額の高い方の最低賃金額が優先して適用されます。地域別最低賃金・特定最低賃金による最低賃金額以上の賃金を支払わない場合は、罰則が科せられます。

最低賃金の例外

最低賃金法のルールを一律に適用すると、かえって不都合になるケースが生じる可能性もあります。

そのため、試用期間中の者や、軽易な業務に従事している者、一般の労働者と比べて著しく労働能力の低い労働者などについては、都道府県労働局長の許可を得ることによって、最低賃金額を下回る賃金を設定することが認められています。

相談　平均賃金

Case　労働者が働くことができない期間について、賃金は支払われますか。またその場合に、賃金はどのように算定するのでしょうか。

回答　たとえば、有給休暇を取得した場合や、労災事故などによって休業した場合など、何らかの事情で労働しなかった期間であっても、賃金が支払われることがあります。この場合、その期間の賃金額は、会社側が一方的に決めるのではなく、労働基準法の規定に基づいて1日の賃金額を算出し、これに期間中の日数を乗じた額とすることになっています。その基準となる1日の賃金額を**平均賃金**と呼びます。

労働基準法12条によると、平均賃金の算出方法は「これを算定すべき事由の発生した日以前3か月間にその労働者に対し支払われた賃金の総額を、その期間の総日数で除した金額」とされています。これは、できるだけ直近の賃金額から平均賃金を算定することによって、労働者の収入の変動幅を少なくするためです。

たとえば、機械の故障や業績不振など、使用者側の事情で労働者を休業させる場合、使用者は休業期間中、労働者にその平均賃金の100分の60以上を休業手当として支給します（同法26条）。年次有給休暇中の労働者に支給する金額についても、就業規則等の定めに従い、平均賃金または所定労働時間労働した場合に支払われる通常の賃金により算定することになります（同法39条）。

なお、平均賃金の基準になる「3か月」とは、暦の上の日数のことです。ただし、業務上の傷病による休業期間や育児・介護休業期間などがある場合は、その日数が「3か月」から控除され、その期間内に支払われた賃金額が「賃金の総額」から控除されます（計算基礎から除外される期間・賃金）。また、算定の対象となる「賃金の総額」には、基本給の他、通勤手当や時間外手当などの手当も含まれますが、臨時に支払われた賃金や3か月を超える期間ごとに支払われた賃金は「賃金の総額」から控除されることになります（次ページ図）。

平均賃金の算定方法

$$\frac{算定事由の発生した日以前3か月間にその労働者に支払われた賃金総額}{上記の3か月間の総日数}$$

【「以前3か月間」の意味】

算定事由の発生した日（＊）は含まず、その前日から遡って3か月
賃金締切日がある場合は、直前の賃金締切日から遡って3か月

（＊）「算定事由の発生した日」とは、
　　　解雇予告手当の場合「解雇通告した日」
　　　休業手当の場合「その休業日の初日」
　　　年次有給休暇中の賃金の場合「有給休暇の初日」
　　　災害補償の場合「事故発生の日又は疾病の発生が確定した日」
　　　減給の制裁の場合「制裁意思が労働者に到達した日」

【計算基礎から除外する期間・賃金】

・業務上の傷病による休業期間
・産前産後の休業期間
・使用者の責めに帰すべき事由による休業期間
・育児・介護休業法による育児・介護休業期間
・試用期間

【賃金総額から除外される賃金】

・臨時に支払われた賃金（結婚祝金、私傷病手当など）
・3か月を超える期間ごとに支払われた賃金（賞与など）
・法令または労働協約に基づかない現物給与

【平均賃金の最低保障額】

日給制、時間給制などの場合、勤務日が少ないと上記の計算式では異常に低くなってしまう場合があるため、最低保障額が定められている。上記計算式の算出額と、次の計算式の算出額を比較し、多い方を平均賃金とする。

・賃金が日給、時間給、出来高給その他の請負制であった場合

$$\frac{3か月間の賃金総額}{その期間中に労働した日数} \times \frac{60}{100} \quad \cdots \text{Ⓐ}$$

・賃金の一部が、月給、週給その他一定の期間によって定められた場合
（月給・週給などと「日給、時間給、出来高給その他の請負制」との併用の場合）

$$\frac{月給・週給等の部分の総額}{上記の部分の総日数} + 上記Ⓐの金額$$

・雇入れ後3か月に満たない者の場合

$$雇入れ後に支払われた賃金総額 \div 雇入れ後の期間の総日数$$

2 割増賃金について知っておこう

残業などには所定の割増賃金の支払が義務付けられている

割増賃金とは

使用者は、労働者の時間外・深夜・休日労働に対して、割増賃金の支払義務を負います（労働基準法37条）。

法定労働時間（1日8時間、1週40時間が原則）を超えて労働者を働かせた時間外労働の割増率は25%以上です。ただし、月60時間を超える部分の時間外労働の割増率は50%以上となります（中小企業については2023年4月1日から適用）。

次に、午後10時から午前5時までの深夜労働についても、同様に25%以上です。時間外労働と深夜労働が重なった場合は、2つの割増率を足すので、50%以上の割増率になります。また、法定休日に労働者を働かせた場合は、休日労働として35%以上の割増率になります。休日労働と深夜労働が重なった場合、割増率は60%以上です。

代替休暇とは

労働者の健康を確保する観点から、長時間労働の代償として割増分の残業代の支払いではなく、労働者に休暇を付与する方法（代替休暇）もあります。具体的には、労使協定を締結することにより、1か月の時間外労働が60時間を超えた場合、通常の割増率（25%）を上回る部分の割増賃金の支払いに代えて、有給休暇を与

賃金の割増率

時間帯	割増率
時間外労働	25%以上
時間外労働（月60時間を超えた場合の超えた部分）	50%以上[※]
休日労働	35%以上
時間外労働が深夜に及んだとき	50%以上
休日労働が深夜に及んだとき	60%以上

※労働時間が1か月60時間を超えた場合に支払われる残業代の割増率については、2023年（平成35年）4月1日より、中小企業に適用される。

えることが認められています。

代替休暇は労働者の休息の機会を与えることが目的ですので、付与の単位は1日または半日とされています。なお、通常の割増率の部分については、これまで通り25％以上の割増率による割増賃金の支払いが必要です。

代替休暇に関する労使協定で定める事項

代替休暇を付与するには、事業場の過半数組合（ない場合は過半数代表者）との間で労使協定を締結しなければなりません。労使協定で定める事項として、①代替休暇として付与できる時間数の算定方法、②代替休暇の単位、③代替休暇を付与できる期間、④代替休暇の取得日の決定方法、⑤割増賃金の支払日があります。

①の時間数の算定方法は、1か月の時間外労働時間数から60を差し引いてから、換算率を乗じます。法定通りの割増率であれば、60時間を超えた部分の時間外労働の割増率50％から通常の時間外労働の割増率25％を差し引いた「25％」が換算率です。法定を上回る割増率であれば、60時間を超えた時間外労働の割増率から通常の時間外労働の割増率を差し引いた数値が換算率になります。

③の代替休暇を付与できる期間は、長時間労働をした労働者の休息の機会を与える休暇ですから、時間外労働をした月と近接していなければ意味がありません。そのため、労働基準法施行規則で時間外労働をした月から2か月以内、つまり翌月または翌々月と定めています。労使協定ではこの範囲内で期間を定めます。

割増賃金の計算の手順

割増賃金を計算する手順は、まず月給制や日給制などの支払方法にかかわらず、すべての労働者の1時間あたりの賃金（時間給）を算出します。その額に割増率を掛けた金額が割増賃金になります。

また、個人的事情にあわせて支給される賃金もあります。家族手当や通勤手当がこれにあたります。これらの個人的事情にあわせて支給される賃金は割増賃金の計算の基礎となる賃金から除かれます。

割増賃金の計算の基礎から除く手当としては、①家族手当、②通勤手当、③別居手当、④子女教育手当、⑤住宅に要する費用に応じて支給する住宅手当、⑥臨時に支払われる賃金、⑦1か月を超える期間ごとに支

払われる賃金（賞与など）があります。

時間給の計算方法

割増賃金を計算するには、まずは時間給（1時間あたりの賃金）を計算します。

① 時給制の場合

時給とは、1時間あたりいくらで仕事をするという勤務形態です。時給制の場合、その時給がそのまま1時間あたりの賃金になります。

1時間あたりの賃金＝時給

② 日給制の場合

日給とは賃金を1日あたりで換算する形態です。日給制の場合、日給を1日の所定労働時間で割って1時間あたりの賃金を算出します。

1時間あたりの賃金＝日給÷1日の所定労働時間

③ 出来高払いの場合

歩合給などの出来高払いの賃金の場合、出来高給の金額を1か月の総労働時間数で割った金額が1時間あたりの賃金になります。

1時間あたりの賃金＝出来高給÷1か月の総労働時間数

④ 月給制の場合

月給は、給与を月額で定める方法です。月給制の場合、月給の額を1か月の所定労働時間で割って1時間あたりの賃金を算出します。

1時間あたりの賃金＝月給÷1か月の所定労働時間

ただし、1か月の所定労働時間は毎月異なるのに、月ごとに所定労働時間を計算すると、毎月の給与は同じであっても割増賃金の単価（1時間あたりの賃金）が毎月違う、とい

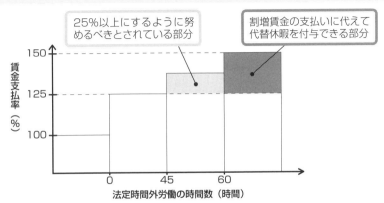

割増賃金の支払いと代替休暇の付与

う不都合が生じます。そこで、月給制の1時間あたりの賃金を計算する場合、年間の所定労働時間から1か月あたりの平均所定労働時間を計算して、「月給(基本給)÷1か月の平均所定労働時間」で求めた金額を1時間あたりの賃金とします。

割増賃金の計算方法

前提
- 基本給のみの月給制
- 1日の所定労働時間は8時間(始業9時・終業18時・休憩1時間)
- 完全週休2日制(法定休日は日曜日)

① 賃金単価の算出

基本給 ÷ 1か月平均所定労働時間 = 1時間あたりの賃金単価

② 1か月の残業時間・法定休日労働時間・深夜労働時間の算出
- 1日ごとの残業時間(法定外休日労働時間を含む)を端数処理せずに1か月を合計
- 1日ごとの深夜労働時間を端数処理せずに1か月を合計
- 法定休日労働時間を端数処理せずに1か月を合計

③ 1か月の割増賃金の算出

60時間までの残業時間 × 1時間賃金単価 × 割増率(1.25以上) = 60時間までの残業の割増賃金 **A**

60時間を超える残業時間※ × 1時間賃金単価 × 割増率(1.5以上) = 60時間を超える残業の割増賃金 **B**

法定休日労働時間 × 1時間賃金単価 × 割増率(1.35以上) = 法定休日労働の割増賃金 **C**

深夜労働時間 × 1時間賃金単価 × 割増率(0.25以上) = 深夜労働の割増賃金 **D**

※60時間を超える残業時間(時間外労働時間)の割増率が50%以上となるのは、2023年(平成35年)3月31日までは中小企業を除く企業

④ 受け取る賃金の算出

A + **B** + **C** + **D** = 1か月の受け取る割増賃金の合計額

3 三六協定について知っておこう

残業をさせるには三六協定に加えて就業規則などの定めが必要である

■三六協定を結べば残業が認められる

時間外・休日労働（残業）は、原則として労使協定を結び、そこで定めた範囲内で残業を行わせる場合に認められます。この労使協定は労働基準法36条に由来するので**三六協定**といいます。同じ会社であっても、残業の必要性は事業場ごとに異なりますから、三六協定は事業場ごとに締結しなければなりません。事業場の労働者の過半数で組織する労働組合（過半数組合がないときは労働者の過半数を代表する者）と書面による協定（三六協定）を締結し、これを所轄労働基準監督署に届ける必要があります。

労働組合がなく労働者の過半数を代表する者（過半数代表者）と締結する場合は、その選出方法にも注意が必要です。選出に関して証拠や記録がない場合、過半数代表者の正当性が否定され、三六協定自体の有効性が問われます。そこで、選挙で選出する場合は、投票の記録や過半数の労働者の委任状があると、後のトラブルを防ぐことができます。

なお、管理監督者は過半数代表者になることができません。もし管理監督者を過半数代表者に選任して三六協定を締結しても、その協定は無効となる、つまり事業場に三六協定が存在しないとみなされることに注意が必要です。

三六協定は届出をしてはじめて有効になります。届出をする場合は、原本とコピーを提出し、コピーの方に受付印をもらい会社で保管します。労働基準監督署の調査が入った際に提示を求められることがあります。また、三六協定の有効期限は１年が望ましいとされています（法令上の制限はない）。

もっとも、三六協定は個々の労働者に残業を義務付けるものではなく、「残業をさせても使用者は刑事罰が科されなくなる」（免罰的効果といいます）という消極的な効果しかありません。使用者が残業を命じるためには、三六協定を結んだ上で、労働協約、就業規則または労働契約の

中で、業務上の必要性がある場合に三六協定の範囲内で残業を命令できることを明確に定めておくことが必要です。

使用者は、時間外労働については25％以上の割増率（月60時間超の例外あり、151ページ）、休日労働については35％以上の割増率で計算した割増賃金を支払わなければなりません。三六協定を締結せずに残業させた場合は違法な残業となりますが、違法な残業についても割増賃金の支払いは必要ですので注意しなければなりません。

三六協定で定めた労働時間の上限を超えて労働者を働かせた者は、6か月以下の懲役または30万円以下の罰金が科されることになります（労働基準法119条1号）。

就業規則の内容に合理性が必要

判例によると、三六協定を締結したことに加えて、以下の要件を満たす場合に、その就業規則の内容が合理的なものである限り、それが労働契約の内容となるため、労働者は時間外・休日労働（残業）の義務を負うことになります。

・三六協定の届出をしていること
・就業規則が当該三六協定の範囲内で労働者に残業をさせる旨について定めていること

以上の要件を満たすと、就業規則に基づき残業命令が出された場合、労働者は正当な理由がない限り、残業の拒否ができません。これに従わないと業務命令違反として懲戒処分の対象になることがあります。

もっとも、前述したように三六協定の締結だけでは労働者に残業義務は発生しません。三六協定は会社が労働者に残業をさせても罰せられないという免罰的効果しかありません。就業規則などに残業命令が出せる趣旨の規定がなければ、正当な理由もなく残業を拒否されても懲戒処分の対象にはできません。

また、三六協定の締結とともに、就業規則などに基づき労働者に対し残業命令ができる場合であっても、その残業命令の効力が認められない（残業義務が生じない）場合があります。具体的には、業務上必要性がない場合や、不当な目的に基づいているなど、労働者に著しく不利益を与えるような場合には、使用者側の権利の濫用と判断され、残業命令の効力が否定されます。

なお、会社として残業を削減したい場合や、残業代未払いなどのトラ

ブルを防ぎたい場合は、時間外・休日労働命令書・申請書、時間外・休日勤務届出書などの書面を利用して、労働時間を管理するのがよいでしょう。また、残業が恒常的に発生すると、残業代が含まれた給与に慣れてしまい、その金額を前提にライフサイクルができあがり、残業がなくなると困るので、仕事が少なくても残業する労働者が出てくることがあります。会社からの残業命令または事前申請・許可がなければ残業をさせない、という毅然とした対応も必要です。

三六協定の締結方法

三六協定で締結しておくべき事項は、①時間外や休日の労働をさせることができる労働者の範囲（業務の種類、労働者の数）、②対象期間（基本的には1年間）、③時間外や休日の労働をさせることができる場合（具体的な事由）、④「1日」「1か月」「1年間」の各期間について、労働時間を延長させることができる時間（限度時間）または労働させることができる休日の日数です。

④の限度時間について、かつては「時間外労働の限度に関する基準」という厚生労働省の告示で決められていましたが、2018年成立の労働基準法改正で、時間外労働の限度時間が労働基準法で明記されました。

限度時間の内容については、上記の告示を踏襲しています。つまり、1日の限度時間は定められていませんが、1年単位の変形労働時間制を採用している場合を除き、原則として1か月につき45時間、1年間につき360時間を超える時間外労働をさせることは、後述する特別条項がない限りできません。なお、1年単位の変形労働時間制を採用している場合は、1か月につき42時間、1年間

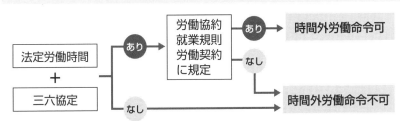

時間外労働をさせるために必要な手続き

につき320時間が限度時間です。

かつての告示では「1日」「1日を超え3か月以内の期間」「1年」の各期間の限度時間を設定することになっていました。しかし、改正労働基準法では「1日を超え3か月以内の期間」ではなく「1か月」の限度時間を設定することになりました。そのため、告示に従って1週間や2か月などの上限時間を設定している場合、今後は三六協定を締結する際に「1か月」の限度時間を設定することが求められると思われます。

また、三六協定は協定内容について有効期間の定めをしなければなりませんが、その長さについては労使の自主的な判断にまかせています（ただし労働協約による場合を除き無期限の協定は不可です）。しかし、前述の④にあるように、三六協定は必ず「1年間」の限度時間を定めなければなりません。したがって、事業が1年以内に完了するような例外を除き、有効期間は最低1年間となります。また定期的に見直しをする必要がありますので、1年毎に労使協定を結び、有効期間が始まる前までに届出をするのがよいでしょう。

労使協定の中には、労使間で「締結」をすれば労働基準監督署へ「届出」をしなくてよいものもありますが、三六協定については「締結」だけでなく「届出」をしてはじめて効力が発生するため、必ず届け出ることが必要です。

特別条項付き協定とは

労働者に時間外労働をさせる場合には、三六協定を締結することが必要です。前述したように、労働者の時間外・休日労働については、労働基準法の規制に従った上で、三六協定により時間外や休日に働かせることができる上限が決められます。

しかし、実際の事業活動の中で、どうしても限度時間を超過してしまうこともあります。そのような「特別な事情」に備えて**特別条項付き時間外・休日労働に関する協定（特別条項付き協定）**を締結しておけば、限度時間を超えて時間外・休日労働をさせることができます。

我が国では、特別条項付き協定を根拠に、使用者が労働者に対して長時間労働を強いるという場合も多く見られますが、2018年成立の雇用対策法改正で、事業主（使用者）に対して労働時間の短縮など労働条件の改善に努力する義務が明記されたことに注意を要します。

また、かつては特別条項付き協定も「時間外労働の限度に関する基準」で定めていましたが、2018年成立の労働基準法改正により、特別条項付き協定の要件などが労働基準法で明記されました。今後、特別条項付き協定を締結する際は、労働基準法の規制を遵守することが求められます。

特別条項付き協定で定める「特別な事情」とは、労働基準法39条5項が「事業場における通常予見することのできない業務量の大幅な増加等に伴い臨時的に限度時間を超えて労働させる必要がある場合」と明示しています。つまり、一時的・突発的な臨時の事情であることが必要です。具体的には、予算や決算の業務、ボーナス商戦に伴う業務の繁忙、納期のひっ迫、大規模クレームの対応、機械トラブルの対応などが挙げられます。一方、「業務上必要なとき」「使用者が必要と認めるとき」などといった抽象的で事由が特定されていないものは、特別な事情として認められません。

さらに、長時間労働規制として、①1か月について時間外・休日労働をさせることができる時間（100時間以内に限る）、②1年について時間外労働をさせることができる時間（720時間以内に限る）、③1か月につき45時間を超える時間外労働を実施できる月数（1年について6か月以内に限る）についても、特別条項

特別条項付き三六協定

原則 三六協定に基づく時間外労働の限度時間は月45時間・年360時間

↓

1年当たり6か月を上限として
限度時間を超えた時間外・休日労働時間を設定できる

↓

特別条項付き三六協定

【特別な事情（一時的・突発的な臨時の事情）】が必要
- ① 予算・決算業務
- ② ボーナス商戦に伴う業務の繁忙
- ③ 納期がひっ迫している場合
- ④ 大規模なクレームへの対応が必要な場合

【長時間労働の抑止】
※1か月につき100時間以内で時間外・休日労働をさせることができる時間を設定
※1年につき720時間以内で時間外労働をさせることができる時間を設定

付き協定で定めることが必要です。

罰則による長時間労働規制の導入

　2018年成立の労働基準法改正で、三六協定や特別条項付き三六協定を締結したとしても、①有害業務（有毒ガスが発生するような場所での業務など）の時間外労働が1日につき2時間を超えないこと、②時間外・休日労働が1か月につき100時間を超えないこと、③複数月の時間外・休日労働を平均して1か月につき80時間を超えないこと、をすべて満たすように労働者を労働させることが使用者に義務付けられました。さらに、①～③の1つでも満たさないとき、つまり労働基準法違反の長時間労働をさせたときは、刑事罰の対象となることも明記しました（6か月以下の懲役または30万円以下の罰金）。

　ただし、新技術や新商品などの研究開発業務に限っては、三六協定の締結に際して、これまで述べた時間外・休日労働の上限に関する諸規制に加えて、罰則付きの長時間労働規制も適用されません。つまり、適法な手続きで三六協定を成立させれば、新技術や新商品などの研究開発業務の労働者については、事実上制限なく時間外・休日労働をさせることができます（特別条項付き協定を定める必要もありません）。ただし、長時間労働による弊害防止の観点から、医師の面接指導や代替休暇の付与などの健康確保措置を講じることは必要です。

　また、自動車運転の業務、建設事業、医師などのように、特別条項付き三六協定や罰則による長時間労働規制の全部または一部について、その適用が一定期間猶予されている事業や業種があります。

時間外労働の割増率の取扱い

　法律で定められている時間外労働に対する割増率は、通常は25％増ですが、1か月につき45時間という限度基準を超えて残業させる場合には、通常の割増率を超えるように努めなければなりません。また、1か月の残業時間が60時間を超える場合は、その超える部分について通常の25％増に加え、さらに25％上乗せした50％以上の割増率による割増賃金の支払が必要です。ただし、一定の規模以下の中小企業は、2023年3月31日までの間、その適用が猶予されています（87ページ参照）。

4 残業代不払いの問題の所在をおさえよう

残業代を支払わないと民事上だけでなく刑事上の責任を問われることもある

■サービス残業とは

労働者が勤務時間外に労働している場合で、会社がその労働に対する賃金（時間外労働手当など）を支払わないことを「サービス残業」（賃金不払い残業）と呼んでいます。

もっとも、残業代に関するトラブルは、サービス残業以外にも存在することに注意が必要です。仮に会社が残業代を支払っていても、それが労働者に対して支払うべき適正な残業代として不足している場合には、会社の残業代支払いに関するシステムが有効に機能していないことを意味しますので、適正な残業代に再計算して支払うことが必要です。その結果、多額の不足分の残業代を会社が支払わなければならないケースも考えられます。

また、残業代の取扱いについて会社が適正なシステムを設けていても、それを就業規則に明確に記載していなければ、トラブルが訴訟に至った際に会社が敗訴するケースがあることに注意が必要です。

一般にサービス残業は、会社の経営者や上司などが、自身の強い立場を背景として労働者に残業を強制するケースが多く、かねてからサービス残業は社会問題となっています。特に人件費抑制のために正社員を非正規社員に変更するという対応をしてきた会社は、そのツケが「正社員のサービス残業増加」という形で現れています。

サービス残業が常態化した会社では、長時間労働が蔓延していることが多いため、労働者の疲労がたまり、過労死や過労自殺といった労災事故が生じる原因にもなります。過労死までいかなくても、労働者がうつ病などの精神疾患になる事態も増加しています。

残業代不払いの問題は、そのまま放置しておくと、労働者側から請求を受けたり、労働基準監督署から指導を受けた場合に、一度に多額の不払い分の残業代相当額を支払わざるを得なくなる恐れがあります。特に弁護士に依頼した労働者から、過去

2年分に遡って不払い分を請求される場合があります。さらに、訴訟が提起されると、裁判所から過去2年分の不払い分と同額の付加金の支払命令を受けることも考えられます（労働基準法114条）。つまり、本来支払うべき金額の倍額の支払いを命じられる恐れがあり、続けて他の労働者が同様の請求を行ってくるかもしれません。

過去2年分に遡って請求されることとの関係では、退職労働者による請求に注意すべきです。つまり、退職する段階（または退職した後）になって、それまで未払い分である残業代の支払いをまとめて（過去2年分）請求を受けることがあります。

都合よく解釈してはいけない

残業代不払いで問題となりがちなのは、営業職や管理職に対する手当の支給についてです。営業職に対して営業手当を支給する際に、歩合制をとる会社は多いでしょう。それでも残業代を別途支払っている場合は特に問題となりませんが、「営業手当に残業代を含める」としている会社は要注意です。この営業手当が月々の営業の成果によって変動する場合には、残業代と認められません。

また、営業手当に残業手当が含まれる場合には、そのことを労働者に周知させておくとともに、雇用契約書や就業規則、賃金規程などにもその旨を記載しておく必要があります。その上で、営業手当や諸手当を除いた基本給が最低賃金法が定める最低賃金額を下回らないように注意しなければなりません。

一方、管理職については、他の従業員を監督・管理する地位（管理監督者）にない役職者に対して役職手当を支払っていても、残業代を支払わなければ違法になります。

ずさんな管理がトラブルになる

トラブルになりやすいのは、会社側が労働者の労働時間を管理していない場合です。タイムカードがない会社は、特に注意が必要です。

また、週40時間（特例措置対象事業場では週44時間）の労働時間を守っていないケースも問題になります。就業規則や労使協定などを作成していない場合、これらの届出をしていない場合も考えられます。さらに、割増賃金の計算式が間違っている場合も要注意です。

刑事事件になる場合もある

割増賃金の不払いをした行為者には、6か月以下の懲役または30万円以下の罰金という刑事罰が科されます（労働基準法119条）。この場合、違反した行為者とともに、会社にも罰金刑が科されます（両罰規定、労働基準法121条1項）。会社側が残業代の不払いを十分に認識しているのに、あえてサービス残業を強制している場合など、悪質なケースは刑事事件に発展することがある点に注意しなければなりません。

請求金額は残業代だけではない

訴訟を起こされた場合は、不払いの期間を遡って合計した金額分を請求されます。期間は最大2年分まで遡ることができます。

また、前述したように不払い分（最大2年分）に加えて、不払い分と同じ金額の付加金の支払いを裁判所が命じる場合もあります。

さらに、これらの金額には遅延損害金が上乗せされます。遅延損害金の利息は、退職者が請求する場合は、民事法定利率（年利5％）よりもはるかに高い年利14.6％が上限となります（賃金の支払の確保等に関する法律6条1項）。一方、在職中の労働者が請求した場合は、遅延損害金の利息は、2018年7月現在、商事

サービス残業の問題点

サービス残業の問題点	具体的なケース
・労働時間を管理していない	→ タイムカード制廃止など
・必要な文書を作成していない	→ 就業規則・労使協定の不作成
・必要文書の届出をしていない	→ 就業規則・労使協定の未届出
・労働時間が週40時間におさまっていない	→ 週40時間を超えて働くのが常態化している場合など
・割増賃金の計算が間違っている	→ 計算式の分子・分母に当てはめるべき数値が間違っている
・年次有給休暇の管理を行っていない	→ 職場全体の年次有給休暇の取得率が低い場合など
・管理監督者でない者を管理職として扱っている	→ 実態の伴わない管理職に就かせて残業代を支払わない場合

法定利率である年利6％です（商法514条）。遅延損害金の計算は、本来の支払日の翌日から遅延している期間の利息を含めます。

このように、訴訟に至ると不払いの残業代だけ支払えば済むわけではなくなる点を覚えておくべきでしょう。「どうせ請求されることはない」とサービス残業をさせていて、後ほど高額な請求を受けた、ということが実際に起きているのです。

なお、2017年成立の改正民法が施行（2020年4月1日施行予定）されると、民事・商事の区別なく法定利率が年利3％（3年毎の変動あり）に統一されます。

■慰謝料請求をされることもある

残業代不払いで労働者側が訴訟を起こすと、前述のとおり残業代以外にも付加金や遅延損害金が請求額に含まれます。

しかし、これらの請求だけで済まない場合があります。残業代を請求する状況にある労働者は、長時間労働が常態化していた可能性が高く、残業というのが通常の勤務時間に加えた業務を行う性質を持つため、長時間労働と切り離しにくいのです。

また、サービス残業を常に強いる職場では、上司のパワハラという問題も絡んでいる可能性があります。このような労働者の場合は、不払いの残業代を請求する際に、慰謝料もあわせて請求してくることが多いようです。

■事前予防が何よりも大切

労働者が会社に対して残業代の不払いについて何らかの請求をしてくる可能性があるといっても、多くの経営者は「うちの会社ではそういうことはあり得ない」と考えるのが通常でしょう。ただ、労働者から過去に未払いの残業代の請求を受けたことがないからといって、慢心していてよいわけではありません。

労働者は生活のために給料を得る必要があるため、サービス残業を強いられて不満に思っていたとしても、生活の糧を失うわけにはいかないので、黙って我慢しているだけの可能性があります。つまり、現在のところ労働者から支払請求があるわけではないが、労働者の不満や怒りが徐々に蓄積している状態です。当初は黙認していたとしても、限界点を超えれば、法的手段を用いてくることは十分あり得ます。

特に在職中は不利益な取扱いを受

けることを恐れて不払いを黙認していた労働者が、退職後に会社に対して請求をしてくることは十分考えられます。退職すれば「残業代を請求して辞めさせられたらどうしよう」と不安に思うことがなくなるからです。不払いの賃金は支払日から2年間は請求できますから、多くの労働者に長期間にわたり残業代を支払っていないとなると、莫大な金額を請求される可能性も生じます。

また、実際に請求された後に対応しようとしても、タイムカードや出退勤の記録、給与明細などの証拠を、すでに請求した労働者側は揃えていることがほとんどです。特に弁護士などの専門家に依頼している場合には、労働者側の主張がほぼ通ると見て間違いないでしょう。

このように、不払いの残業代を請求されてしまうと、為す術がない場合がほとんどですから、残業代不払いと言われないように、日頃から就業規則やタイムカードの管理体制などを整備しておくことが必要です。

どのように対抗したらよいのか

まず会社は、労働者が主張する残業をしていた時間(残業時間)が、本当に労働基準法上の労働時間(残業代を支払うべき時間)に該当するかどうかを検討する必要があります。労働時間に該当しないことを裏付ける証拠があれば、それを準備して主張します。

一方、労働時間に該当する場合は、

遅延損害金・付加金・慰謝料について

支払わなければならない金銭

❶ 不払い残業代 ← 過去2年まで

＋

❷ 遅延損害金(利息) ← 雇用中の労働者＝6％／元労働者＝14.6％

＋

❸ 付加金 ← 最大で不払い残業代と同額の支払いを命じられる可能性あり

＋

❹ 慰謝料 ← 労災やパワハラなどのトラブルがあった場合、労働者やその家族(遺族)から請求される可能性あり

それが割増賃金を支払わなければならない労働時間にあたるのかどうかを検討します。つまり、残業代の対象となる労働時間ではないことを証明することになります。たとえば、裁量労働制や事業場外みなし労働時間制を採用している、または管理監督者であるといった事項が該当します。割増賃金をすべて支払っている場合は、そのことを主張します。ただ、いずれも個々に有効な主張となるかどうかを吟味する必要があります。特に年俸制に関しては、年俸制を導入しているから残業代を支払わなくてもよいわけではありません。

どんな証拠が出されるのか

雇用契約が成立していることの証拠として雇用契約書や給与明細書、業務報告書などの書面が提出されます。そして、時間外労働手当や休日労働手当に関する取り決めを裏付ける証拠としては、就業規則や賃金規程、雇用条件が記載された書面があります。また、実際に時間外や休日の労働を行ったことを証明するために、タイムカードや業務日報などが提出されます。

会社は何を立証するのか

タイムカードや就業規則、雇用契約書、労使協定の書面に記載した内容が、労働者が主張する残業時間にあたらないと証明できる場合には、それらが会社の主張の証拠になります。

また、労働者が主張する残業時間が労働時間にあたるとしても、割増賃金の対象となる労働時間に該当しないことを証明するためには、裁量労働制をとっていれば、裁量労働制をとっていることを裏付ける証拠を提出します。事業場外みなし労働時間制をとっていれば、同じように証拠を提出します。

訴訟を起こした労働者が管理職の地位にある場合は、その労働者が監督または管理の権限を有する管理監督者であることを裏付ける証拠を用意します。

退職者が請求してきた場合や、在職中の者でも長期間の不払い分を請求してきた場合には、対象となる残業時間に対応する残業代の請求権に関する消滅時効（賃金は2年、退職金は5年、労働基準法115条）の成否を確認し、成立していれば時効を援用します。改正民法による短期消滅時効の廃止に併せて、賃金の時効の見直しが検討されています。

また、残業時間があったことを証明する資料としては、タイムカードや業務日報、報告書などを提出することが多いですが、そのような資料がない場合には、労働者が書いた日記や手帳などのメモ、あるいはメールの記録などが証拠になります。個人的な日記や手帳などは、その日記や手帳などを会社側が作成させていた場合や、上司などが内容を確認していた場合には、証拠としての信用性が高くなります。

たとえば、タイムカードなどの証拠を労働者側が揃えている際に、会社側に反証できるものがない場合だけでなく、労働者側も残業時間を立証できる証拠がない場合です。この場合、本来は会社側に労働時間管理の記録義務があるため、記録がないことは会社に不利な状況になるのです。

管理監督者であることの立証

訴訟を起こした労働者が管理職の地位にある場合において、その労働者に残業代を支払わなくてもよいのは、①その者に与えられた職務内容、権限、責任が管理監督者にふさわしいもので、経営者と一体の立場にあること、②勤務態様や労働時間の状況が会社に管理されていないこと、③管理監督者としての相当な待遇を受けていること、という条件を満たす場合に限られます。

条件を満たさず、名称だけが管理職になっている者は、労働基準法上の管理監督者ではありません。

不払いの残業代の訴訟で主張する事項

労働者・元労働者 → 不払いの残業代の請求 → 会社
会社 → 抗弁 → 労働者・元労働者

労働者・元労働者の主張（請求）
残業したのに支払ってくれない

会社の主張（抗弁）
- 残業の事実がない
- 労働基準法上の労働時間に該当しない
- 裁量労働制である
- 割増賃金を支払っている
- 事業場外みなし労働時間制である
- 原告は管理監督者である
- 請求された分は消滅時効が成立している

相談 労働時間の管理とタイムカード

Case 労働者の労働時間について、タイムカードを用いて管理する場合には、どのような点に注意する必要がありますか。

回答 労働者の労働時間を適正に把握し、管理するためには、労働者の労働時間を客観的に記録できるもの（タイムカード、ICカードなど）で確認・記録する方法をとるのが一般的です。特に、労働者の出退勤管理に広く使われているのが「タイムカード」です。以前は紙ベースが中心でしたが、最近はICカードを使用する会社も多くなってきました。これらの方法は、個々の労働時間をデータで把握することができるため、勤怠や賃金計算の際に重宝されています。タイムカードは通常、労働者が自分で打刻します。打刻のタイミングはすべて労働者にまかせているという企業も多いのではないでしょうか。そのため、結果的に、タイムカードの打刻は単なる出退勤状況を把握する程度の機能しか果たしていない場合が多く見受けられます。しかし、タイムカードに記録されている時刻は、「労働した時間」の記録として認められるものです。

たとえば、出勤してすぐに打刻し、その後に着替えや化粧などの準備に長い時間を使ったとしても、その準備時間は労働時間として扱われてしまいます。また、正規の就業時間が終わった終業時刻後、だらだらとムダ話をしていて、退勤するときに打刻したという場合、終業時刻から退勤時刻までの間に、残業代が発生することにもなりかねません。

法的な意味での「労働時間」とは、労働者が使用者の指揮命令下に置かれている時間のことを指し、始業時刻前の準備時間や終業時刻後に行われる雑談等は、必ずしも労働時間とはいえません。裁判例においても、タイムカードの取扱いについて「従業員の出社・退社時刻を明らかにするものにすぎない」「会社側は従業員の遅刻・欠勤を把握する趣旨で設置」「労働時間はタイムカードに記録された時刻で確定はできない」といった見解が示されています。そこで、労働時間を算定しようとする場合には、タイムカードだけでなく、その他の資料（業務日報や業務週報など）も

参照しながら行うべきです。労働者の労働時間を管理する義務は使用者側に課されているといえます。少なくともタイムカードへの打刻は、実際の出勤時刻や退勤時刻でなく、会社の業務を始める始業時刻や、その業務が終了した終業時刻に行うよう管理することは必要です。

なお、会社側が労働時間の管理義務を怠っていた場合で、タイムカードによる打刻がしっかりと行われた場合であれば、打刻された出勤・退勤の時間に納得がいかないとしても、原則として、タイムカードの打刻時間が法的な意味での「労働時間」でもあると判断され、その打刻時間に基づいて残業代を支払う必要があると考えられています。

では、タイムカードがない場合はどのように考える必要があるのでしょうか。客観的な証拠がない場合、どうしても従業員側の自己申告を受け入れざるを得ないか否かが問題になります。

この場合、基本的には、会社側が従業員の労働時間を適正に把握できていないと考えられますので、従業員による立証があれば、それに反証できない限り、残業代は従業員の言い分通りに支払う必要があります。従業員の立証とは、従業員が毎日つけていた日記や日報などです。これは当日や翌日など、記憶が鮮明な間に作成されたメモ書きなどであっても立証できる証拠とされます。さらに、近年ではスマートフォンのGPSの記録（一定の地点にいた日付と時間がわかります）が労働時間を算定する証拠になると判断した裁判例も出てきています。

タイムカードによる労働時間の管理

タイムカード　〔目的〕従業員の労働時間の管理

単なる出退勤状況の把握に過ぎない状況である

出勤時に打刻⇒始業前の準備時間が労働時間に含まれてしまう
退勤時に打刻⇒終業後の雑談等まで労働時間に含まれてしまう

経営者が打刻の管理をするか、始業時・終業時に打刻するように改める必要がある

5 残業時間と限度時間について知っておこう

医学的な見地から算出された限度時間がある

■月45時間を超える場合は要注意

　会社としては、労働者が健康障害を起こさないようにするため、労働者の労働時間を適切な時間内にとどめるように管理しなければなりません。よく言われる基準として「1か月に45時間までの残業時間」があります。

　月45時間という数字は、通常の人が1日7～8時間の睡眠をとった場合に、残業時間に充当できる時間の1か月分の合計です（1日2～2.5時間×20日間）。月45時間は時間外労働の限度基準としても採用されています（次ページ図）。

　また、1か月の残業時間が80時間を超えているかどうかも1つの目安となります。この数字は、通常の人が1日6時間の睡眠をとった場合に、残業時間に充当できる時間（1日4時間の残業時間）を基準として、1か月あたり20日間働くものとして算出された数字です。

　1か月の残業時間が100時間を超えている場合には、健康上のリスクは相当高まっているといえます。月100時間の残業は、1日5時間の残業を1か月あたり20日間行ったのと同等です。残業時間が月100時間を超える労働者については、過労死のリスクが高まっていますから、会社としても労災事故のリスクが高くなっているといえるのです。

　なお、2018年の労働基準法改正により、月100時間を超える時間外・休日労働をさせると、原則として刑事罰の対象になる（88ページ）ことにも注意が必要です。

■明示的な指示がない場合

　労働者が残業をしても、上司が残業を命じた場合でなければ、会社としては残業と認めないとする会社は多いようです。このような会社であっても、会社側が業務上必要であると判断して、労働者に残業を命じた場合は特に問題は生じません。この場合に残業代を支払わなければ、明らかに法律違反となるからです。

　一方、上司が労働者に残業を命じ

ていないにもかかわらず、勝手に労働者が残業した場合、会社としては残業代の支払義務はないと考える経営者は多いようです。

しかし、労働者がしていた業務によっては、その労働者が会社に残って業務をしていた分について、残業代を支払わなければならないケースもあります。たとえば、残業しないと間に合わないほどの業務を上司が労働者に命じた場合は、上司が残業を命じなかったとしても、黙示的に残業を命令したと扱われる可能性が高いです。また、労働者が残業しているところを見ていながら何も言わずにいると、黙示的に残業を命令したと判断される場合があります。

逆に、上司から残業しないように命じられていたにもかかわらず、これに反して労働者が残業した場合は、主に2つの点が問題になります。

まずは、当該会社にとって「時間外労働が適法に行えるか否か」です。従業員の時間外・休日労働をすべて禁止している会社では、時間外・休日労働を適正に管理するための三六協定が未締結の場合があります。この場合、残業手当の対象となる時間外・休日労働そのものが違法と考えられる場合があります。

次に、会社側が時間外・休日労働の禁止を周知徹底していたかどうかです。たとえば、時間外・休日労働の禁止と、その必要が生じたときは役職者が引き継ぐべきという指示や命令を社内通知、朝礼、上司を通じて繰り返し知らされていたかどうかです。

これら2点について、命令に反した従業員が知り得る状態にあったと判断されれば、残業代の支払義務はないと考えられます。

三六協定の締結事項と限度時間（2018年改正による）

締結事項

①時間外・休日労働を必要とする具体的事由　②業務の種類
③労働者の数　④延長時間、労働させる休日　⑤有効期間

期　間	1か月	1　年
限度時間	45時間	360時間

かつての告示には「1週間15時間」「2週間27時間」「4週間43時間」「2か月81時間」「3か月120時間」の限度時間もあった。

どんな対策を講ずるべきか

まず、業務上必要な残業は事前申請制にすることです。就業規則上「不要な残業をすること、させることの禁止」「業務外目的での終業時刻後の正当な理由のない在社禁止」などを定め、その違反を懲戒事由とすることも大切です。事実上のサービス残業を強いることも許されません。

また、会社は労働者の労働時間を適正に管理しなければ、労働基準監督署による指導の対象となる場合があります。労働時間を把握する方法として、経営者や上司など労働者を管理する者が直接労働者の労働時間を現認する（見て確認する）という方法があります。現認が難しい場合は、タイムカードやICカードによる客観的な記録方法によって労働時間を把握するとよいでしょう。

ただ、タイムカードなどでの管理が難しい会社では、自己申告制を導入しているかもしれません。自己申告制の場合、労働者の申告が本当に実態にあっているのかを確認できるしくみが必要です。たとえば、労働者が残業せざるを得ない状況であるのを承知しながら、自己申告制と残業時間の上限枠を導入し、労働者が残業時間の上限枠を超えている時間分について申告しにくい環境を作り上げることは避けなければなりません。また、自己申告制を適正に実施するための基準が厚生労働省より示されており、会社側は申告により把握される労働時間と実際の労働時間が合致しているか、その実態を調査する義務があります。

残業を勝手にさせない

残業は労働者が勝手に行うものでなく、必要性が生じた場合に会社側が労働者に命じるものです。労働者が会社側からの残業命令に従い行った残業については残業代を支払う必要がありますが、そうでない場合にまで残業代を支払う義務はありません。たとえば、「残業をする場合は事前に上司の許可を得る」などのルールを定めておくことが重要です。

労働者が会社側の指示がなければ残業を行うことができないとするには、管理者が自身の部下の業務状況を適切に把握していることが前提になります。残業については「残業申請書」といった書類を労働者から管理者に提出させるしくみを作るとよいでしょう。この「残業申請書」には、残業を必要とする理由やその目的、必要となる残業時間を労働者

に記載させるようにします。そして、管理者が残業を許可したことを示す署名やサイン欄を設けておくとよいでしょう。また、チェック欄を作り、他の方法で対応できないかどうか、残業申請時あるいは許可時に確認しましょう。

　実際に行われた残業について賃金を支払わないとすることは許されません。もちろん、業務上必要な残業をしているのであれば、経営者側も残業代を支払うことに違和感はないでしょう。そこで必要なのが「無用な残業をさせないよう対策をする」ということです。具体的には、①「月20時間まで」「週6時間まで」などのように、残業の上限時間を設定する、②退社時間を決めて守らせる、③残業は事前に上司の許可を得た上で行わせる、④不要な残業をする労働者には就業規則などに従って懲戒処分を行う、といったことが考えられます。

　ここでは主に残業管理を取り上げていますが、残業時間以外の就業時間全体の管理を行うことも重要です。つまり、休憩時間も含めて労働者が拘束されている時間（拘束時間）を管理することも、結果的に残業の削減に結びつきます。具体的には、不自然な出勤や休憩時間が発見された場合に、総務部や人事部より実労働時間と休憩時間の調査を行います。その上で、該当者に指導し、または社内通知で警告します。最近では、ICカードの記録やパソコンの動作記録を活用し、休憩時間の適正な管理を行う会社もあります。

労働時間の把握方法

始業・終業時刻の確認・記録	●労働日ごとに始業時刻や終業時刻を使用者（管理者や上司など）が確認し、これを記録する必要がある
確認・記録方法	●使用者自らが確認・記録する方法（管理方式） ●タイムカード、ICカード、残業命令書、報告書などの客観的な記録で確認・記録する方法（タイムカード方式） ●労働者自身に申告・申請させ、確認・記録する方法（自己申告制）
自己申告制の場合の措置	●使用者は、自己申告制の具体的内容を説明し、労働時間の把握について実態調査をしなければならず、申告・申請を阻害するような措置をしてはならない
書類などの保存	●使用者は、労働時間の記録に関する書類について、3年間保存しなければならない

6 固定残業手当について知っておこう

人件費の予算管理を効率化できる

■ 固定残業手当とは何か

　従業員に時間外労働をさせた場合、給与計算期間ごとに集計して割増賃金を支払うことが必要です。

　一方、残業手当を基本給（固定給）に含め、残業の有無にかかわらず、毎月定額を**固定残業手当**として支払っている会社も少なくありません。このような基本給に含めた固定額による残業代の支払いを適法に行うためには、①基本給と割増賃金部分を明確に区分する、②割増賃金部分には何時間分の残業時間が含まれているのかを明確にする、③上記②を超過した場合には別途割増賃金を支給する、という３つの要件をすべて満たす必要があります。

　さらに、固定残業手当を導入するためには、就業規則（賃金規程）を変更しなければなりません。変更した就業規則について従業員への周知も必要で、固定残業手当の導入は、支給の経緯、実態から見て「定額手当＝残業代」と判断できなければなりません。特に、固定残業手当を採用している会社が、新たな従業員を雇用する場面では、雇用契約書の中で、支払われる賃金の内訳として、どの程度の残業時間が固定残業代として支払われることになるのかを、明確に説明する必要があります。

　特に基本給と割増賃金部分の区分は、従業員が本来支給されるはずの残業代が給与に含まれているのか否かを確認する手段として重要です。従業員に支払った固定残業手当が実際の残業時間で計算した残業代を明確に下回るときには、その差額の支払いを労働者から請求されるトラブルも予想されるので注意が必要です。

■ なぜこのような手当を設けるのか

　固定残業手当の導入による一般的なメリットとしては、不公平感の解消です。同じ仕事を残業なしでこなす従業員Ａと、残業を10時間してこなす従業員Ｂとの間では、通常の残業手当の考え方だとＡにとって不公平に感じられますが、固定残業手当では公平感があります。また、固定

残業時間以内であれば、実際に残業が発生しても追加の人件費が発生しないため、年間の人件費のおおまかな見積りが可能なこともメリットとなります。

企業側にとっては、固定残業手当を導入することで、給与計算の手間が大幅に削減されます。また、毎月の人件費が固定化されると、予算管理がしやすくなります。その一方で、前ページ①～③の要件を満たす必要があるなど、実際に従うべきルールが複雑であることも事実です。したがって、会社が固定残業代を採用する場合には、弁護士や社会保険労務士など専門家の意見を聴きながら、適法性を確保できる方法の下で実施すべきといえます。

従業員側からすると、残業してもしなくても基本的には同じ給与ですから、効率的に仕事をして残業を削減する方向になるでしょう。これは長時間労働の抑制につながるので、企業側にもメリットとなり得ます。

職種によってはなじまない

固定残業手当は、あらゆる業種や職種に適用できるとは限りません。

たとえば、小売店や飲食店では、営業時間がほぼ同じで、開店準備や閉店業務にかかる時間も大きな変動がなく、毎日ある程度一定の労働時間となります。このような業種では、固定残業手当を導入しやすいといえます。営業職の場合も、日中のクライアント訪問、帰社後の残業による提案書の作成など、毎日ほぼ同じ労働時間が見込まれるのであれば、固定残業手当の導入が可能です。

一方、生産ラインが確立されている製造業や、一般的な事務作業の場合、業務量の増減は各従業員の裁量では行えません。このような業種では、固定残業手当を導入するより、

残業手当込みの賃金の支払い

基本給	固定残業手当

各月に支給する残業代込みの賃金

ただし、固定分で想定している残業時間を超えて時間外労働させた場合には別途割増賃金の支払いが必要

実際に残業した時間に対し、その都度計算された残業手当を支払う方が、従業員のモチベーションにつながります。

どのくらいが目安なのか

労働基準法では、時間外労働・休日労働を行わせるためには、三六協定を締結することが必要です。三六協定で設定できる時間外労働の限度時間は、1か月あたり45時間、1年あたり360時間です（157ページ）。

そうなると必然的に1年あたりの限度時間の12分の1、つまり月30時間分の残業代が固定残業手当の上限となると考えられます。もちろん、実際にそれほど残業していない場合はもっと少なくなります。

固定残業手当は「これさえ支払っていれば、もう残業代（時間外手当）が不要となる」という便利手当ではありません。想定する残業時間を超えた場合は、別途残業代を支払わなければなりません（前ページ図）。逆に残業がなかったときに、固定残業手当を支払わないとすることは許されません。このことは、実際に労働者が行った残業時間が固定残業代に相当する残業時間に比べて少なかった場合も同じです。ムダな残業手当を支払わないという意味でも、固定残業手当として支払う金額は、今までの平均残業時間をベースに検討するのが得策です。

一方、固定残業手当で想定した残業時間を超過した場合は、その分について別途残業手当を支払わなければなりませんが、実務上この給与計算が煩雑で対応しきれない会社もあります。その場合は、30時間を上限として想定する残業時間を多めに設定し、その残業時間に収まるようにした方がよいでしょう。

なお、固定残業手当を採用する会社においては、賃金を支払う場面においても、注意しなければならない点があります。会社が固定残業代を含めて支払う賃金を見ると、最低賃金を超えた金額を労働者に支払っているように思える場合であっても、固定残業手当にあたる部分を除くと、実際には基本給の部分が最低賃金を下回っているというケースがあります。

このような賃金の支払方法は認められませんので、あくまでも固定残業手当を除いた基本給の部分の金額が、最低賃金を上回っていなければなりません。

7 年俸制について知っておこう

年俸制でも時間外労働の割増賃金は支払われる

どんな制度なのか

年俸制とは、まず1年間の給与（賞与を含める場合もあります）の総額を決定し、その12分の1、あるいは16分の1（仮に賞与を4か月分と設定する場合）を毎月支給するという賃金体系です。労働基準法上の制約もあるため、重要なポイントは把握しておく必要があります。

① **賃金の支払方法について**

1年単位で賃金総額が決まるとはいっても、労働基準法24条で毎月1回以上、一定期日の賃金支払いが要求されているため、最低でも月1回、特定の日に賃金を支払わなければなりません。ただし、賞与支払月に多く支払うことはできます。

② **時間外労働の割増賃金について**

年俸制では時間外労働の割増賃金を支払う必要がない、と勘違いしている使用者が少なくありません。しかし、年俸制では毎月支給される金額が1か月分の基本給となり、時間外労働をした場合には、この1か月分の基本給をベースに割増賃金を支払わなければなりません。つまり、年俸制を採用する場合であっても、時間外・休日・深夜の労働に対する割増賃金は必要です。

ただし、管理監督者に該当して労働時間の規制が適用除外とされる場合や、裁量労働制や事業場外みなし労働時間制の「みなし労働時間」の適用を受ける場合などは、一定の要件の下で、時間外・休日の労働に対する割増賃金は不要になります（深夜労働に対する割増賃金は必要です）。

そして、使用者が年俸制を導入する場合、年俸額の内訳は、基本給だけなのか、一定時間分の残業手当（固定残業手当）を含んでいるのかを明確にする必要があります。

もっとも、毎月の給与額が残業手当により増減があると、年俸制にした意味合いがなくなります。そこで用いられるのが固定残業手当の制度です（174ページ）。年俸制の金額を設定するときに、純然たる基本給の部分と、想定される残業時間から計

算された割増賃金の部分を明確に分離して従業員に明示します。もちろん、想定する残業時間を超過した場合には、別途残業手当が必要になりますが、それによる給与額の増加はあまり多くならないと思われます。

なお、従業員が法定労働時間（1日8時間、1週40時間が原則）を超える労働を行った場合、通常の労働時間・労働日の賃金の25％を増した賃金の支払いが必要です。このような割増賃金基礎額（1時間当たりの賃金）の算定には、役職手当、資格手当、業務手当、皆勤手当などが含まれますが、年俸制において12等分にされて毎月支払われる賞与も同様に含まれます。

どのように取り扱うべきなのか

労働基準法では、給与計算期間ごとに残業時間を集計して、次の賃金支払日に残業手当を支払うよう求めています。固定残業手当は例外的な処理です。ただし、固定残業手当が想定している残業時間を超えて残業を行わせたときは、別途残業手当の支払が必要になりますので、決して残業代を直接的に節約できる制度ではありません。

また、業種・職種によっては不適当なケースもありますので、業種や従業員の就業実態などを考慮して導入を検討していく必要があります。

年俸制のしくみ

【年俸制】

1年間に支払われる給与・賞与の総額（年俸）をあらかじめ決定しておく

《1か月に支払われる金額》
1／12（1／16）
※毎月1回以上の支払いが必要

時間外労働の割増賃金の支払いは必要

固定残業手当制度

「基本給」と「想定される残業時間から計算される割増賃金」を明確に分離して明示

毎月の支給額の増減を小さくできる
⇒年俸制の特徴が活きる

相談　出来高払いの賃金

Case 賃金が出来高払制によるとされている場合でも、一定金額の賃金の支払いが保障される制度はあるのでしょうか。

回答　出来高払制その他の請負制は、仕事量の変動によって賃金額が大きく変動します。そのため、出来高払制は非常に不安定な賃金の支払形態といえるでしょう。労働基準法では、最低限の生活ラインを維持するための規定を設けています。つまり、労務を提供した以上、その仕事量が少ない場合であっても、労働時間に応じて一定額の賃金（保障給）の支払いを保障することを義務付けています（労働基準法27条）。ここでの保障給とは、労働時間1時間につきいくらと定める時間給であることを原則としています。労働者の実労働時間の長短と関係なく一定額を保障するものは保障給にあたりません。

また、全額請負制だけでなく一部の請負制についても、保障の対象になりますが、賃金構成で固定給の部分が賃金総額の6割程度以上を占める場合には、請負制に該当しないとされています。

ただし、労働基準法27条の保護は労働者が就労した場合が対象です。単なる欠勤のように使用者の責めによらずに労働者が労務を提供しなかった場合は、保障給を支払う必要はありません。

なお、労働基準法の規定では、具体的に最低額の定めがあるわけではありませんが、労働者の生活保障のために、通常の実質収入とあまり差のない程度の賃金が保障されるように定めることが望ましいでしょう。休業手当が平均賃金の100分の60以上の支払いを義務付けていることを考慮すると、労働者が実際に就労している賃金の場合も平均賃金の100分の60程度は保障すべきと考えられています。また、時間外・休日・深夜の労働を行った場合は割増賃金の支払義務も生じます。

さらに、最低賃金法の適用がある労働者の場合には、最低賃金額以上の支払いが義務付けられています。出来高払制における保障給も、労働時間に応じるため、最低賃金の時間額が適用されます。

相談 欠勤・遅刻・早退の場合の取扱い

Case 労働者の欠勤日数などに応じて、賃金を減額することは可能でしょうか。ノーワーク・ノーペイの原則について教えてください。

回答 給与は労働者の労働力の提供に対して支払われるため、体調不良などの理由により労働者が仕事を休んだ場合、使用者は、その休んだ日数分の給与を支払う必要はありません。これを「ノーワーク・ノーペイの原則」といいます。丸1日欠勤した場合だけでなく、始業時刻に遅れた場合（遅刻）、終業時刻の前に帰った場合（早退）、業務の自発的中断（途中離業）についても、労働力が提供されていない時間分は、給与を支払う必要がありません。

ノーワーク・ノーペイの原則に基づく控除額について、労働基準法では特に定めを置いていないため、実際に休んだ分の賃金を超えない範囲内で、各会社で独自にルールを定めることになります。実務上は就業規則や賃金規程に規定を置き、それに従って控除額を算出しています。

一般的な控除額の算出方法としては、「月給額÷1年間の月平均所定労働日数×欠勤日数」で算出する方法をとっている会社が多いようです。遅刻や早退などで1時間あたりの控除額を算出する場合は、「月給額÷1年間の月平均所定労働日数÷1日の所定労働時間」で控除額を求めます。

また、「月給額÷該当月の所定労働日数×欠勤日数」で算出することにしている会社もあります。ただ、この方法で計算する場合は、毎月控除額が変わることになりますから、給与計算処理が面倒になるというデメリットがあります。控除額を計算する際、給与を構成するどの手当を含めて控除額を計算するのか、という点についても賃金規程などで定める必要があります。

なお、就業規則により、職場の規律に違反した労働者に対し、制裁として給与を減額する方法があり、これを減給といいます。ただ、給与は労働者の生活を維持するための重要なものですから、減給による控除額には一定の制限があります（労働基準法91条）。

第6章

休日・休暇・休業

1 休日と休暇の違いをおさえよう

労働基準法は最低限必要な休日を定めている

■「週1日の休日」が原則

　労働基準法は「使用者は、労働者に対して、毎週少なくとも1回の休日を与えなければならない」と定めています。この「週1日の休日」を**法定休日**といい、それ以外の休日を**所定休日**といいます。

　労働基準法は法定休日の曜日を指定していませんが、曜日を決めて法定休日とするのが望ましいといえます。多くの会社では、就業規則の中で「何曜日（たいていは日曜日）を法定休日にする」と決めています。就業規則で休日の曜日を決めていれば、それが労働契約の内容となるため、使用者は勝手に休日の曜日を変更できなくなります。

　最近は週休2日制が一般的です。労働基準法は週休1日制を採用しており、週休2日制にすべきとは規定していません。しかし、1日8時間労働であれば5日で40時間です。1週40時間制の労働基準法は週休2日制をめざしていくという考え方に基づいています。

■変形週休制とは

　会社は労働者に毎週1日以上の休日を与えるのではなく、4週を通じて4日以上の休日を与えるとする制度をとることもできます。これを**変形週休制**といいます。

　変形週休制は休日のない週があってもよく、結果として労働者に4週で4日以上の休日が与えられていればよいというものです。たとえば、第1週1日、第2週ゼロ、第3週2日、第4週1日という変形週休制の採用が可能です。変形週休制の場合は「4週で4日の休日」が法定休日となります。

■法定休日の労働は禁止されている

　法定休日の労働を休日労働といい、休日労働は原則禁止されています。「1週1日」または「4週で4日」の法定休日は、労働者が人間らしい生活をするために最低限必要なものだといえるからです。

　一方、週休2日制を採用している場合、2日の休みのうち1日は法定

休日ではなく所定休日ですから、所定休日とされる日に仕事をさせても、原則禁止されている休日労働にはなりません。

使用者は、休日労働について割増賃金の支払義務が生じますが（労働基準法37条）、たとえば、週休2日制の土曜日のように、就業規則で所定休日としている日の労働については、休日労働としての割増賃金の支払義務はありません。

休暇とは

労働者の申し出により労働が免除される日を**休暇**といいます。たとえば、慶弔休暇、夏期休暇、年末年始休暇などです。取得できる休暇は就業規則などで定めます。労働基準法が規定する休暇は「年次有給休暇」です（186ページ）。有休や年休とも呼ばれています。

また、大企業を中心に導入が検討されている休暇として、裁判員休暇があります。裁判員となった人は、公判に出席するため、3〜5日程度、裁判所に行かなければなりません。裁判の手続は平日昼間に行われますから、会社を休む必要があるわけです。裁判員休暇は、労働者が気兼ねなく、裁判員としての職務に取り組めるようにするのを目的とした休暇だといえます。

第6章 休日・休暇・休業

休日についてのルール

休日の定め

① 週1回以上の休日を与えなければならない
→ 例外として、4週を通じて4日以上の休日を与えることもできる（変形週休制）

② 法定休日の労働を命じることはできない
→ 例外として、災害などの避けられない事情によって臨時の必要がある場合や、三六協定を結んだ場合は、休日労働が許される（次ページ）
↓
ただし、割増賃金を支払わなければならない

※法定休日とは「週1日の休日」または「4週4日の休日」（変形週休制を採用する場合）のこと。

2 振替休日と代休の違いをおさえよう

代金には割増賃金の支払義務がある

休日労働が許される場合

使用者が、労働者に休日労働を命じることができるのは、①臨時の必要がある場合、②三六協定（155ページ）を結んだ場合、③公務員に限り「公務のため臨時の必要」がある場合です。①の場合は、原則として所轄労働基準監督署長の許可が必要です。

休日労働をさせた場合、使用者は35％以上の割増率を加えた割増賃金を支払わなければなりません。

振替休日や代休とは何か

振替休日とは、就業規則などで休日が決まっている場合に、事前に休日を他の労働日と入れ替え、代わりに他の労働日を休日とすることです。

代休とは、法定休日に労働させたことが前提で、使用者がその労働の代償として、事後に与える休日です。この場合、使用者には割増賃金の支払義務が生じますが、代休を与える義務はありません。

現在、多くの会社では、土曜日と日曜日を休日と定めて（週休2日制）、日曜日を法定休日としている場合が多いようです。

振替休日と代休の違い

使用者と労働者との間で、日曜日を出勤日にする代わりに、木曜日を休日にする、という休日の交換を事前に取り決めていたとします。この場合、交換後の休日になる木曜日は「振替休日」となります。

振替休日においては、出勤日になる日曜日は、通常の労働日と変わりがありませんので、通常の賃金が支払われます。たとえば、1時間あたり1000円の労働者Aが8時間労働した場合、「1000円×8時間＝8000円」の賃金が支払われます。そして、休日になった木曜日は、本来の休日であった日曜日との交換に過ぎませんので、賃金は発生しません。

これに対し、事前の交換なく日曜日に出勤をして、代わりに木曜日が休日になった場合、日曜日の労働は休日労働として割増賃金（35％増）が支払われます。たとえば、上記の

労働者Aの場合は、「1000円×8時間×0.35＝10800円」が支払われます。一方、本来の労働日の「代休」となる木曜日は、賃金が支払われませんので、「－8000円」となります。

以上の結果として、労働者Aについては「10800円－8000円＝2800円」の差額が生じます。振替休日とするか代休にするかにより、賃金において2800円の差が生じます。

振替休日にするための要件

休日を入れ替えた日を振替休日にするには、①就業規則などに「業務上必要が生じたときには、休日を他の日に振り替えることがある」旨の規定を設けること、②事前に休日を振り替える日を特定しておくこと、③遅くとも前日の勤務時間終了までに当該労働者に通知しておくこと、という要件を満たすことが必要です。事前に休日の振替をしなかった場合は、法定休日における労働が休日労働となる点に注意が必要です。

使用者が振替命令を出すには、あらかじめ就業規則などに規定しておくか、または労働者が事前に同意していることが必要です。さらに1週1日または4週4日の法定休日が確保されることも必要です。

なお、振り替え後の休日が代休となる場合は、無給でもかまいませんが、就業規則などで明確にしておくべきです。また、割増賃金の支払をめぐりトラブルになることがあるので、休日勤務届出書、代休請求願などの書面を利用して、労働日数の管理を徹底させることも必要です。

振替休日と代休の違い

	振替休日	代休
意味	予め休日と労働日を交換すること	・休日に労働させ、事後に代わりの休日を与えること ・使用者には代休を与える義務はない
賃金	休日労働にはならないので通常の賃金の支払いでよい	休日労働になるので割増賃金の支払いが必要
要件	・就業規則等に振替休日の規定をする ・振替日を事前に特定 ・振替日は法定休日を確保できる範囲内 ・遅くとも前日の勤務時間終了までに通知	・特になし。ただし、制度として行う場合には就業規則などに具体的に記載が必要

3 年次有給休暇について知っておこう

全労働日の8割以上出勤すると有給休暇がとれる

年次有給休暇とは

　労働基準法は年次有給休暇の積極的な活用を推進しています。**年次有給休暇**とは、労働者が申し出て取得する休みのうち、給料（賃金）の支払いが保障されたものです。「有給休暇」「年休」「有休」と略して呼ばれることが多いといえます。

　年次有給休暇の目的は、労働者が心身ともにリフレッシュし、新たな気持ちで仕事に向かっていけるようにすることにあります。有給休暇をとるのは労働者の権利ですから、使用者（会社）は、労働者が安心して有給休暇を取得できるような職場環境を作らなければなりません。そして、使用者は、労働者が有給休暇を取得したことを理由にして、賃金や査定で労働者にとって不利な取扱いをしてはいけません。

　有給休暇の権利（年休権）を得るには、いくつかの条件があります。①入社時から付与日まで（最初の有給休暇は入社時から6か月以上）継続して勤務していること、②付与日の直近1年（最初の有給休暇は入社時から6か月）の全労働日の8割以上出勤したことです。この2つの条件を満たせば、定められた日数の有給休暇が自動的に与えられます。

有給休暇日数の決定方法

　年次有給休暇は、労働者の勤続年数に応じて優遇されていく（日数が増えていく）システムになっています（労働基準法39条1項〜3項）。

　前述した①②の要件を満たすと、最初の6か月を経過した段階で10日間の年次有給休暇が与えられ、1年6か月を経過すると11日、2年6か月で12日となり、1日ずつ増えていきます。そして3年6か月経過した段階から2日ずつ加算され、最大20日間与えられます。6年6か月を経過した時点で上限の20日に到達します。

　取得した有給休暇は、翌年に繰り越すことができますが、2年で時効消滅することに注意が必要です（労働基準法115条）。

　なお、「全労働日の8割」を計算

するにあたって、以下の場合は出勤したものとみなされます（労働基準法39条8項）。

① 業務上の負傷または疾病による療養のために休業した期間
② 産前産後の休業期間
③ 育児・介護休業法による育児休業・介護休業の期間
④ 有給休暇をとった日

半日、時間単位の有給休暇

年次有給休暇が単位としている「労働日」とは、原則として午前0時から午後12時までの暦日を意味します。使用者が有給休暇を与える場合は、時間単位あるいは半日単位に細切れにして与えるのではなく、1日単位で与えるのが原則です。労働者が休息し、あるいは自由に何かをするためには、少なくとも1日単位の時間が必要だと考えられるからです。ただ、労働者から半日単位の休暇を請求した場合、使用者が認めることはできます。労使双方の合意があれば、このような請求を認めても不都合はないからです。

また、労使協定を結ぶことを要件として、5日以内に限り時間単位で有給休暇を付与する制度が創設されています（191ページ）。

使用者は休暇申請を拒否できない

労働者が有給休暇をとる際は「いつからいつまで有給休暇をとりま

有給休暇取得日数

労働日数	継続勤務年数	0.5	1.5	2.5	3.5	4.5	5.5	6.5以上
①通常の労働者（週の所定労働時間が30時間以上の労働者）		10	11	12	14	16	18	20
②週の所定労働時間が30時間未満の労働者								
週の所定労働日数が4日または1年の所定労働日数が169～216日までの者		7	8	9	10	12	13	15
週の所定労働日数が3日または1年の所定労働日数が121～168日までの者		5	6	6	8	9	10	11
週の所定労働日数が2日または1年の所定労働日数が73～120日までの者		3	4	4	5	6	6	7
週の所定労働日数が1日または1年の所定労働日数が48～72日までの者		1	2	2	2	3	3	3

す」と具体的に休む時期を使用者に申し出るだけで十分です。原則として、労働者が使用者に申し出た日が、そのまま有給休暇の取得日になります。これを**時季指定権**といいます（労働基準法39条5項）。有給休暇は、労働者が使用者の許可を得て休ませてもらうというものではなく、労働者が休暇をとる権利をもとにして、実際に休む日を決める手続きといえます。

基準日の設定と分割付与

年次有給休暇は、入社後6か月経過した時に、原則として10日付与し、その後1年を経過するごとに一定日数を付与するしくみです（前ページ図）。しかし、入社日は労働者ごとに異なることも多く、個々の労働者に応じて休暇の付与を行うと、付与日数や消化日数の管理が複雑になります。そのため、年休を付与する「基準日」を設定し、管理上の負担を軽減するという「斉一的取扱い」を取ることが認められています。実務上は、毎年4月1日または10月1日を基準日として、その基準日に全労働者に対して一斉に年休を付与するケースが多いようです。

また、新入社員など初年度の労働者については、法定の年次有給休暇の付与日数を一括して与えずに、その日数の一部を法定基準日（労働基準法に規定に基づいて年休が付与される日）以前に付与することもできます（分割付与）。

ただし、斉一的取扱いや分割付与をするためには、①年次有給休暇の付与要件である8割出勤の算定において、短縮された期間は全期間出勤したとみなすこと、②次年度以降の年次有給休暇の付与日も、初年度の付与日を法定基準日から繰り上げた期間と同じまたはそれ以上の期間を法定基準日より繰り上げること、という要件を満たすことが必要です。

また、前倒しで年休を付与する分、会社が全労働者に与える年休の日数が増えるので、斉一的取扱いや分割付与の導入は慎重に検討することが必要です。年次有給休暇の管理については、年次有給休暇記録・管理簿を作成し、付与日数、消化日数、残日数を記録しましょう。

なお、2018年成立の労働基準法改正で、10日以上の年休が付与されている労働者に対して、使用者は、法定基準日から1年以内に、時季を指定して5日以上の有給休暇を与えることが義務付けられました。ただし、

斉一的取扱いによる基準日を設定している場合は、この時季指定義務が適用されません（使用者による時季指定の具体的方法は厚生労働省令で定められます）。また、労働者の時季指定による有給休暇や計画年休の日数分については、使用者による時季指定の必要がありません。

使用者は時季変更権を行使できる

会社からすれば、忙しい時に労働者に一斉に年休をとられたのでは困る場合があります。そこで労働基準法は、両者の調整を図り、労働者が請求した時季に有給休暇を与えると事業の正常な運営に支障をきたす場合、使用者は他の時季に振り替えて与えることを認めています。これを**時季変更権**といいます。

事業の正常な運営に支障をきたす場合かどうかは、労働者の所属する事業場を基準にして、事業の規模・内容、当該労働者の担当する作業の内容・性質、作業の繁忙、代行者の配置の難易、他の年休請求者の存在など、様々な状況を総合的に考慮して判断します。

判例の中には、会社の命令（時季変更命令）を無視して1か月の連続した有給休暇を取得した社員を解雇した事件で、会社の正当性を認め、解雇無効の訴えを退けたものがあります。ただし、単に人手不足である、業務が忙しいという理由だけで、会社が時季変更権を行使することは許されません。

計画年休を導入する際の注意点

年休（年次有給休暇）は、労働者が自分の都合にあわせて休暇日を自由に指定できますが、例外的に年休のうち5日を超える分（たとえば、年休を13日取得する権利のある労働者は8日間）について、使用者が労働者個人の意思にかかわらず、労使協定で有給休暇の日を定めることができます（年休の計画的付与・計画年休）。

計画年休の付与の方法は、①事業場全体の休業による一斉付与方式、②グループ別の付与方式、③年休付与計画表による個人別付与方式、の3つがあります。たとえば、①の一斉付与方式を利用すれば、ゴールデンウィークに一斉に有給休暇をとって会社全体で連続の休みにすることができます。

計画年休を活用すると、使用者側は年休の日程を計画的に決めることができるというメリットがあります。

また、労働者側にも忙しい場合や、年休を取得しにくい職場の雰囲気の中でも年休がとりやすくなり、年休の取得率が向上し、労働時間の短縮につながるというメリットがあります。一方、取得したい日を自由に有給休暇に指定できなくなるというデメリットもあります。

労使協定により年休の計画的付与を決めた場合には、労働者側・使用者側ともに、その決めた取得時季を変更することはできなくなります。

計画年休を導入するには、書面による労使協定（過半数組合がある場合にはその労働組合、過半数組合がない場合には労働者の過半数代表者との書面による協定）の締結が必要ですが、労使協定の届出は不要です。

年休の買上げができる場合

年休（年次有給休暇）は、労働基準法に基づいて労働者に与えられた権利です。よって、使用者が年休を労働者から買い上げる（労働者に金銭を支払う）ことで、労働者が有給休暇を取得したものとし、買い上げた分の年休の日数を減らして、労働者から請求された日数の有給休暇を取得させないことは、年休の制度趣旨に反しますから、労働基準法違反になります。有給休暇をとることで労働者が休養をとり、心身の疲労を回復させるという制度趣旨を妨げるからです。

ただし、以下の3つのケースについては、使用者が年休を買い上げたとしても、労働者にとって不利益が生じないので、例外的に許されます。

① 取得後2年が経過しても未消化の日数分
② 退職する労働者が退職する時点で使い切っていない日数分
③ 法定外に付与した日数分

退職の直前に有給休暇を請求された場合

労働者が時季を指定して有給休暇を請求してきた場合、その時季については、使用者の承諾を要せずに有給休暇を取得できるのが原則ですが、使用者が時季変更権を行使した場合は、取得時季を他の時季に変更してもらうことになります。

しかし、退職を予定する者が、未取得分の有給休暇を取得することを見込んで退職日を決め、一括して有給休暇の取得を請求した場合はどうでしょうか。当然のことながら、他に変更できる日はありません。つまり、時季変更権を行使できないわけです。

この場合は、本人の請求する時季に有給休暇を与えなければなりません。なお、退職時に未消化の有給休暇を買い上げることも可能ですが、買い上げることを理由に有給休暇の請求を拒否することはできません。

時間単位の有給休暇とは

時間単位の有給休暇とは、労働者が時間単位で有給休暇を取得する制度のことです。有給休暇を時間単位で取得できるようにする条件として、①労使協定を締結すること、②日数は年に5日以内とすること、③時間単位で取得することを労働者が希望していること、が必要です。

時間単位の有給休暇を与える手続きについては、当該事業場に過半数組合があるときはその労働組合、それがないときは過半数代表者と使用者との書面による協定によって、以下の①～④の内容を定めなければなりません（労働基準法39条4項）。

① 時間を単位として有給休暇を与えることができるとされる労働者の範囲を定めること
② 時間を単位として与えることができるとされる有給休暇の日数（5日以内に限る）
③ 1日分の有給休暇に対応する時間数（所定労働時間数を基に定め、時間に満たない端数は時間単位に切上げて計算する）
④ その他厚生労働省令で定める事項（1時間以外の時間を単位とする場合の時間数など）

支払われる金額について

時間単位の有給休暇を取得する場合の具体的に支払われる金額は、以

計画年休制度

年次有給休暇（年休）	
5日間	計画年休
	使用者と労働者代表との書面による協定が必要
	労働者の時季指定権、使用者の時季変更権
あり	なし

第6章 休日・休暇・休業

下の①～③の金額をその日の所定労働時間数で割って決定されることになります（労働基準法39条7項）。①～③のいずれを基準とするかは、就業規則に定めることが必要です。③の標準報酬日額とは、標準報酬月額（毎月の給料など報酬の月額を区切りのよい幅で区分した金額）の30分の1に相当する金額のことです。

① 平均賃金
② 所定労働時間労働した場合に支払われる通常の賃金
③ 当該事業場に過半数組合があるときはその労働組合（過半数組合がないときは過半数代表者）との書面による協定によって定めることで、健康保険法の標準報酬日額に相当する金額

時間単位の考え方

時間単位の設定については、必ずしも1時間単位でなくてもよく、2時間単位、3時間単位などと労使協定で定めておく必要があります。ただし、1.5時間といった1時間に満たない端数が生じる単位（分単位など）で取得することや、1日の所定労働時間を上回る時間数（たとえば10時間単位など）を取得単位とすることはできません。

時間単位の有給休暇のしくみ

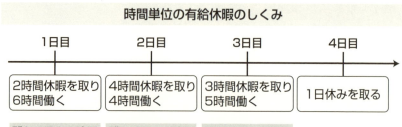

※時間単位の有給休暇（時間単位年休）を導入すれば、上記のような働き方が可能になる
　時間単位で取得できる有給休暇の日数は最大で5日間

4 休職とはどのような制度なのかを知っておこう

使用者が行う一定期間の労働義務を免除する処分のことである

休職にはどんな意味があるのか

休職とは、労働者に一定の事由がある場合に、使用者が労働契約を維持した状態のまま、業務に就くことを免除または禁止することをいいます。なお、**休業**という言葉も、文字どおりに言うと「業務を休むこと」ですが、労働基準法をはじめとする法律の規定に基づき、業務に就くことを免除または禁止されることを指します。一般的には、法律の規定以外の事由によって、長期間にわたり会社を休むことを休職と呼んでいます。

休職を分類すると、①使用者側の命令によるもの、②労働者側の申し出によるもの、③それ以外の事情によるものがあります。③の例としては、大震災や水害によるやむを得ない休職など、双方の責任によるものとはいいがたい事情によって休職する場合があります。

労働者側の事情による休職

労働者側の申し出によるものとしては、産前産後休業、育児休業、介護休業など法律に定められた休業と、労働者個人の私的な事情による休職があります。

企業内の休職制度の導入は、休職が法律の根拠に基づくものでないことから、企業が人事管理のために比較的自由に創設することができます。つまり、休職制度を設けるかどうかも含めて企業が自由に決めることができます。休職制度を設ける際には、どのような種類の休職制度を導入するか、休職中の待遇をどうするか、などを企業内で慎重に議論をする必要があります。

労働者側が自らの事情で休職を申し出る場合、その事由には次のようなものがあります。

① **私傷病による休職**

業務以外の原因による病気やケガによって労働者が働けなくなった際に、一定期間会社を休むことを許し、一定期間内に回復しなければ労働者を解雇するという制度です。病気やケガによって勤務ができなくなった労働者について、私傷病休職制度が

あるのに、その制度を利用させずに解雇した場合には、解雇権の濫用として解雇自体が無効になる可能性が高いといえます。

② 私事による休職

留学や実家の家業を手伝うなど家庭の事情がある、議員など公職に就任した、組合専従になった、などの事由で労務の提供が不能になった場合に休職を認める制度です。

使用者側の事情による休職

使用者側の事情によるものとしては、①業務災害（236ページ）など法律に定められた休業、②業務の停止による休業・休職（経営上の事情による操業停止など）、③業務命令による休職があります。③の休職は、出向・研修などを命じる場合、就業規則違反をした者に懲戒を加える場合、刑事事件を起こして起訴された場合（起訴休職）などがあります。

なお、②の休業・休職について、使用者側の責任による場合は、業務停止中の休みは休業手当が必要な休業となります。しかし、天変地異や

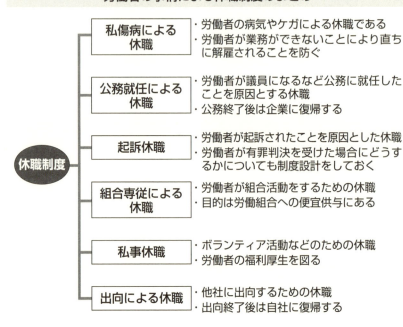

労働者の事情による休職制度のまとめ

休職制度		
私傷病による休職	・労働者の病気やケガによる休職である ・労働者が業務ができないことにより直ちに解雇されることを防ぐ	
公務就任による休職	・労働者が議員になるなど公務に就任したことを原因とする休職 ・公務終了後は企業に復帰する	
起訴休職	・労働者が起訴されたことを原因とした休職 ・労働者が有罪判決を受けた場合にどうするかについても制度設計をしておく	
組合専従による休職	・労働者が組合活動をするための休職 ・目的は労働組合への便宜供与にある	
私事休職	・ボランティア活動などのための休職 ・労働者の福利厚生を図る	
出向による休職	・他社に出向するための休職 ・出向終了後は自社に復帰する	

ストライキなど使用者側の責任によらない場合は、その休みは休業手当が不要である休職となります。

休職後の取扱いについて

休職期間中に休職事由がなくなれば、休職は終了して職場復帰となります。また、休職期間が満了したときも職場復帰となります。いずれの場合も会社は理由なく復職を拒むことはできません。

復職をめぐっては労使間のトラブルが多いことから休職事由消滅の際の取扱い、休職期間満了後の取扱い（復職手続き、休職期間の延長、退職、解雇など）について、就業規則や私傷病休職取扱規程などで明確にしておくことが望ましいといえます。最近では、精神疾患者の私傷病休職を考慮した規定が重視されています。

その他、企業が必要と認める場合の休職制度を置いておく

たとえば、私傷病による休職については、労働者が病気になった場合や負傷した場合でなければ利用できないことになります。

しかし、休職制度を設ける段階で、将来企業に対してどのようなことが起こるかすべて予測することは不可能です。そこで、「企業が必要と認めた場合には、労働者は休職することができる」という内容の休職制度を設けておけば、企業が必要だと考えればいつでも労働者は休職制度を利用することができます。

このような休職制度を設ける場合、待遇や休職期間についても、企業側で決めることができるような制度にしておくケースが多いといえます。

使用者の都合による休業・休職についてのまとめ

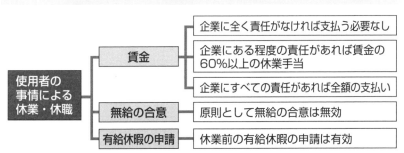

5 休業手当について知っておこう

使用者の責任で従業員が就業できなかったときに支払われる

▌休業手当とは

　法律の規定に基づく休業について、その休業が使用者の責任により発生した場合、使用者は休業期間中、労働者に対し、その平均賃金（149ページ）の60％以上の手当を支払わなければなりません（労働基準法26条）。これを**休業手当**といいます。

　対象になる「休業」には、一斉休業の場合の他に、1日の所定労働時間の一部だけの休業（一部休業）も含まれます。しかし、休業は本来は労働義務がある時間内について発生するものですので、労働者が、労働に従事する義務を負わない休日とは、まったく異なる概念であることに注意しなければなりません。

　民法では使用者の責任による休業の場合、労働者に「賃金全額」の請求権があると規定しているため、休業手当は労働者の権利を狭めているように見えます。しかし、休業手当の不払いは刑事罰の対象となるため、最低60％を労働者に確保している点で重要な意味をもちます。また「使用者の責任」となる事由も、労働基準法は民法より広く認めています。休業手当の支払義務が発生する休業理由として、①工場の焼失、②機械の故障・検査、③原材料不足、④流通機構の停滞による資材入手難、⑤監督官庁の勧告による操業停止、⑥経営難による休業、⑦違法な解雇による休業などが挙げられます。

　「60％」というのは、あくまで労働基準法に規定された最低額ですので、就業規則などによって60％を超える休業手当を支払う旨を規定している場合は、その規定に従います。休業手当の支払いに際しては雇用調整助成金の利用を検討するのがよいでしょう。雇用調整助成金とは、経済上の理由による企業収益の悪化で、事業活動の縮小を迫られた事業主（使用者）が、労働者を一時的に休業、教育訓練または出向をさせた場合に、必要な手当や賃金等の一部を助成する制度のことです。

　なお、休業手当支払義務は、使用者の合理的な理由のない違法な解雇

（上記の⑦）についても適用されるため、解雇が無効となった場合、労働者に解雇期間中の平均賃金60％以上の休業手当を保障しなければなりません。労働者が解雇期間中に他の職業に就き、給料など利益を得ていたとしても、使用者が控除できるのは、平均賃金の40％が上限です。

前述のとおり、休業手当が支払われるには「使用者の責めに帰すべき事由」が必要です。天災事変などの不可抗力に該当し、休業の帰責事由が労使どちらにもないときは、就業規則や労働協約などの定めに従うことになります。

派遣労働者の場合の休業手当

派遣中の労働者については、派遣元と派遣先が存在します。休業手当についてどちらで判断することになるのでしょうか。派遣労働者の場合、派遣先ではなく、雇用主である派遣元を「使用者」として、その帰責事由の有無が判断されます。

1日の一部だけ休業した場合

1労働日が全休となった場合の他、1労働日の所定労働時間の一部が休業となった一部休業の場合も、休業手当の支払義務が生じます。休業手当は、1労働日についてまったく就労しなくても平均賃金の60％以上を保障するので、1労働日について就労した時間の割合で賃金が支払われたとしても、それが平均賃金の60％未満である場合は、60％との差額を休業手当として支払う必要があります。

なお、休業手当も賃金に含まれますから、賃金支払いの5原則（147ページ）が適用されます。

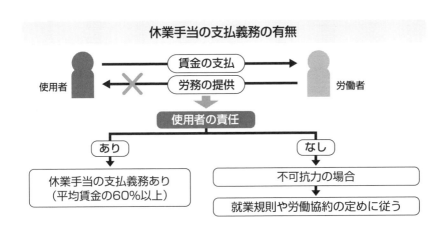

休業手当の支払義務の有無

6 育児休業について知っておこう

労働者が子を養育するためにする休業制度

どんな制度なのか

少子化が進む中、育児をしながら働く人が生活と仕事を両立できるように整備されたしくみのひとつが、育児・介護休業法が規定する**育児休業制度**です。

育児休業期間中、労働者は労務提供義務が免除され、事業主（使用者）はその期間の賃金支払義務が原則免除されます。育児休業期間中は、雇用保険の「育児休業給付金」により、育児休業開始時賃金月額の50％（休業開始から180日間は67％）が支給されます。産前産後休業期間中は、月給日額の3分の2相当額の出産手当金が支給されます。

原則として労働者であれば、1歳未満の子を養育している場合、男女を問わず、事業主に申し出ることにより育児休業をすることができます。事業主は、育児休業の申し出を拒むことができません。育児・介護休業法に定める要件を満たす労働者は、雇用関係を維持しながら育児休業を取得できるのです。

法律上の親子関係がある子（実子・養子）だけでなく、特別養子縁組の監護期間中の子や、養子縁組里親に委託されている子などを養育するためにも、育児休業の取得が可能です。

なお、事業主は、日雇い労働者（日々雇い用れられる者）には、育児休業を与える義務がありません。

また、期間雇用者（期間を定めて雇用される労働者）については、以下の①②の双方の要件を満たす場合に、事業主は、その申し出により育児休業を与える義務が生じます。

① 申し出時点で過去1年以上継続して雇用されていること
② 子が1歳6か月に達するまでの間に雇用契約がなくなることが明らかでないこと

一方、労使協定に基づき、以下の①〜③のいずれかに該当する労働者（期間雇用者か否かを問いません）を育児休業の対象から除外することができます。

① 継続雇用期間が1年未満の者
② 育児休業申し出の日から1年以

内（1歳6か月までおよび2歳までの育児休業の延長申出をする場合は6か月以内）に雇用関係が終了することが明らかな者
③ 週所定労働日数が2日以下の者

上記の労働者は、育児休業の対象外とする労使協定がある場合、育児休業の申し出をしても、事業主から拒否されることがあります。

育児・介護休業法に基づく育児休業の期間は、原則として、出生から「子どもが1歳に達する日（民法の規定により1歳の誕生日の前日）まで」の1年間です。男性の場合は、上記の原則が適用され、出生した日から1年間となります。一方、女性の場合は、労働基準法に基づき、出産後8週間の「産後休業」を取得しますので（132ページ）、産後休業の終了後（終了日の翌日）から育児休業をすることになります。

保育所に空きがない場合

育児・介護休業法においては、子が1歳に達する時点で、保育所に入所できない等の特別な事情がある場合、事業主に申し出ることで、子が1歳6か月に達するまでを限度に育児休業の延長が可能です。ただし、子の1歳の誕生日の前日に、父母のどちらかが育児休業中であることが必要です。

さらに、子が1歳6か月に達する時点でも特別の事情がある場合、子が2歳に達するまでを限度に育児休業の再延長が可能です。

また、男性による育児休業の取得を促すための制度が**パパ・ママ育休プラス制度**です。子の父母が1歳到達日以前のいずれかの日において、ともに育児休業をとるなどの要件を満たす場合に、特例として育児休業の対象となる子の年齢を「1歳まで」から「1歳2か月まで」に延長する制度です。ただし、父母がそれぞれ取得できる育児休業期間の上限は、原則として1年間です。

いつまでに申し出るのか

子が1歳までの育児休業の場合、原則として1か月前までに申し出なければなりません。ただし、以下の①〜⑥の育児休業をすぐ取得すべき「特別の事情」が生じた場合には、1週間前の申し出で取得できます。

① 出産予定日前に子が生まれたとき
② 配偶者が亡くなったとき
③ 配偶者が病気、ケガにより養育が困難になったとき
④ 配偶者が子と同居しなくなった

とき
⑤ 子が負傷、心身の障害により2週間以上の世話を必要とするとき
⑥ 保育所に入所申請をしたが当面入所できないとき

育児休業を取得するときは、申し出の年月日、労働者の氏名、子の氏名・生年月日・労働者との続柄（子がまだ生まれていないときは、その子の出産者の氏名・出産予定日・労働者との続柄）、休業開始の予定日、休業終了の予定日、を事業主に申し出なければなりません（必須事項）。

また、特定の場合に申し出が必要な事項には、次のものがあります。
・申し出た子以外に1歳未満の子があるときには、その子の氏名、生年月日、労働者との続柄
・子が養子であるときは、養子縁組の効力発生日
・一度休業した後に再び申し出を行う場合、休業開始予定日までの期間が短い申し出の場合、一度撤回した後に再び休業の申し出を行う場合には、その申し出が許される事情

なお、前述した「特別の事情」がなくても労働者側の事情により、直前になって育児休業の申し出を行う場合もあります。1か月前よりも遅れて申し出が行われた場合にも、育児休業が取得できるしくみが用意されています。この場合は、事業主が職場における代替要員の確保など様々な対応を行わなければなりません。そのための準備期間を考慮して、事業主が労働者の休業開始日を指定できます。

このとき、事業主は、原則として申し出があった日から3日後までに、労働者に対して開始日を指定した書面を交付しなければなりません。

子が保育所に入所できない場合や、配偶者が死亡・ケガ・病気・離婚な

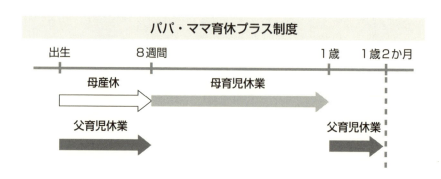
パパ・ママ育休プラス制度

どの事情により子を養育するのが難しくなった場合などは、育児休業を子が1歳6か月に達するまで延長できます（2017年10月施行の改正育児・介護休業法により、2歳に達するまでの再延長もできます、199ページ）。この場合、労働者が自ら希望する休業開始予定日から休業するためには、2週間前に申し出を行う必要があります。

開始予定日や終了予定日の変更

育児休業期間の確定後、次の事情がある場合には、1週間前に申し出ることで、1回に限り育児休業の開始予定日の繰上げ変更が無条件で認められます。一方、事業主は、開始予定日の繰下げ変更に応じる義務はありません。

① 出産予定日前に子が生まれたとき
② 配偶者が亡くなったとき
③ 配偶者が病気、ケガにより養育が困難になったとき
④ 配偶者が子と同居しなくなったとき
⑤ 子が負傷、心身の障害により2週間以上の世話を必要とするとき
⑥ 保育所に入所申請をしたが当面入所できないとき

また、終了予定日の1か月前まで（1歳に達するまでの育児休業の場合）に申し出ることで、1回に限り育児休業の終了予定日の繰下げ変更が無条件で認められます。一方、事業主は、終了予定日の繰上げ変更に応じる義務はありません。

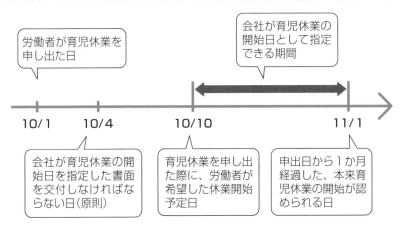

申し出の遅延と育児休業開始日の指定

7 介護休業・介護休暇について知っておこう

要介護者を介護するための休業・休暇を取得できる

介護休業とは

介護休業は、労働者が要介護状態にある家族を介護することが必要な場合に、事業主に申し出ることによって休業を取得することができる制度です。

要介護状態とは、負傷、疾病、身体上もしくは精神上の障害により、2週間以上の期間にわたり常時介護を必要とする状態を指します。そして「常時介護を必要とする状態」とは、介護保険制度の要介護状態区分において要介護2以上であることなど、行政通達で詳細な判断基準が示されています。

また、介護対象となる「家族」には、配偶者（事実婚を含む）、父母、子（実子・養子に限る）、配偶者の父母、祖父母、兄弟姉妹、孫が含まれます。

対象となる労働者の範囲

日雇い労働者を除き、要介護状態のある家族を介護する労働者は、事業主に申し出ることで介護休業をすることができます。事業主は、介護休業の申し出を拒むことができません。

ただし、期間雇用者（有期契約労働者）が介護休業をするには、申し出の時点において、以下の双方の要件を満たすことが必要です。

① 過去1年以上継続して雇用されていること
② 介護休業開始予定日から起算して93日を経過する日から6か月経過する日までに雇用期間が満了し、更新されないことが明らかでないこと

また、以下のいずれかに該当する労働者（期間雇用者であるか否かを問いません）については、介護休業の取得が認められない労働者について定める労使協定を締結することで、介護休業の対象から除外することができます。

① 継続雇用期間が1年未満の者
② 介護休業の申し出があった日から93日以内に雇用期間が終了することが明らかな者
③ 週所定労働日数が2日以下の者

要介護状態につき3回の申し出

介護休業を取得するには、労働者が原則として休業開始予定日の2週間前の日までに書面などで申請します。申し出は、対象家族1人につき、要介護状態に至るごとに、通算93日まで最大3回に分けて取得できます。

どんな場合に終了するのか

介護休業は、終了予定日の到来以外にも、対象家族と労働者の親族関係の消滅（対象家族の死亡・離婚・離縁など）といった事情で、対象家族の介護が不要になった、もしくは介護ができなくなった場合に消滅します。これらの事情で介護休業を終了する場合、労働者は、事業主に対して通知しなければなりません。

介護休業給付を受給できる

以下の要件を満たす介護休業の取得者は、雇用保険法で定められた「介護休業給付」を受給可能です。

① 雇用保険の一般被保険者であること
② 介護休業開始日前の2年間に、賃金を受けて雇用保険に加入していた日が11日以上ある月が12か月以上あること
③ 事業主に対して介護休業の開始日と終了日を申し出ていること
ただし、介護休業を開始する時点

介護休業のしくみ

内容	労働者が、要介護状態にある家族の介護が必要な場合に、事業主に申し出ることによって休業期間を得ることができる制度
取得対象者	2週間以上にわたって常時介護を必要とする「要介護状態」にある対象家族を介護する労働者
取得できない労働者	・日雇労働者は取得できない ・継続して雇用された期間が1年未満の者、介護休業の申し出後93日以内に雇用関係が終了することが明らかな者、1週間の所定労働日数が2日以下の者は、労使協定で対象外にできる
取得手続き	原則として、休業開始予定日の2週間前の日までに申し出る
取得回数	原則として対象家族1人につき、要介護状態に至るごとに最大3回に分けて取得ができる

で介護休業終了後に離職することが決まっている場合は受給の対象になりませんので、注意が必要です。

介護休業給付の支給額は、休業開始時賃金日額（介護休業を始める前の6か月間の賃金を180で割った金額）の67％が原則です。介護休業給付の支給期間中に事業主から賃金が支払われている場合は、支給額の調整が行われます。

介護休暇とは

介護休暇とは、要介護状態にある対象家族の介護その他の世話をする労働者が、1年度（事業主が特段の定めをしていなければ4月1日から翌3月31日まで）に5日（対象家族が2人以上の場合は10日）の休暇を取得することができる制度です。所定労働時間が4時間超の労働者は、半日（所定労働時間の2分の1）単位での介護休暇の取得が可能です。

介護休暇を利用すると、ヘルパーさんが急な都合で来られなくなった場合など、短期間の介護が必要になったときにも、1日または半日単位で休暇を取得できます。

ここでの「世話」には、通院の付き添いや、対象家族が介護サービスの提供を受けるために必要な手続の代行などが含まれます。

介護休暇を取得するためには、事業主に対して、対象家族が要介護状態にある事実や介護休暇を取得する年月日を明らかにして、申し出をすることが必要です。

なお、ⓐ継続雇用期間が6か月未満の労働者、ⓑ週所定労働日数が2日以下の労働者については、労使協定を締結することで、介護休暇の対象から除外することができます。

介護休暇のしくみ

取得対象者	要介護状態にある対象家族を介護その他の世話をする労働者
取得できない労働者	・日雇い労働者は取得できない ・継続して雇用された期間が6か月未満の者、1週間の所定労働日数が2日以下の者は、労使協定で対象外にできる
取得手続き	対象家族との続柄など、一定の事項を明らかにして申し出る
取得日数	1年度あたり、要介護状態にある対象家族が1人であれば5日間、2人以上であれば10日間

第7章

退職・解雇・懲戒処分

1 解雇について知っておこう

客観的で合理的な理由がなく、社会通念上の相当性がない解雇は無効

■ 解雇も辞職も退職の一形態

使用者と労働者の間の労働契約が解消される事由には、主に辞職・退職・解雇があります。

辞職とは、労働者が一方的に労働契約を解除することです。民法上、労働者は2週間前に申し出れば辞職が可能です（民法627条1項）。

退職とは、一方的な申し出による場合以外の労働契約の終了のことで、以下の事由がある場合に退職の手続きをとる会社が多いようです。

① 労働者が退職を申し入れ、会社がこれを承諾した（自己都合退職）
② 定年に達した（定年退職）
③ 休職期間が終了しても休職理由が消滅しない（休職期間満了後の退職）
④ 労働者本人が死亡した
⑤ 長期にわたる無断欠勤
⑥ 契約期間の満了（雇止め）

退職に関する事項は、労働基準法により就業規則に必ず記載すべき事項と規定されています。しかし、その内容については、法令に反しない限りで、各会社の事情に合わせて決めることができます。

■ 解雇の種類

解雇とは、会社が一方的に労働契約を解除することです。解雇は、その原因により普通解雇、整理解雇、懲戒解雇などに分けられます。

整理解雇とは、経営不振による合理化など経営上の理由に伴う人員整理のことで、リストラともいいます。**懲戒解雇**とは、たとえば従業員が会社の製品を盗んだ場合のように、会社の秩序に違反した者に対する懲戒処分としての解雇です。これら以外の解雇を普通解雇といいます。

解雇により会社を離れてしまうと、再就職先が見つかるという保証はどこにもありません。仮に再就職先を見つけることができたとしても、労働条件（特に賃金の面）でかつての就職先よりも、はるかに条件の悪い再就職先で妥協せざるを得ないという場合も考えられます。

そこで、法律で解雇に対する様々

な制限が規定されています。解雇の制限の例としては、たとえば、いくら不況だからといっても、それだけの理由では解雇ができません。客観的で合理的な理由がなく、社会通念上の相当性がない解雇は、解雇権の濫用として無効とされています（労働契約法16条）。

解雇権の濫用を防ぐ趣旨は、会社の経営者側が気に入らない社員を、自由に解雇できないようにすることにもあります。たとえば、遅刻や欠席が多い社員や、勤務成績が他の社員と比べて劣る社員がいる場合、経営者としては、解雇を望むかもしれません。しかし、会社にとって不利益をもたらすような社員に対しても、会社としては、まず適切な指導を行うことによって改善をめざす必要があります。たとえば会社側が何度も遅刻を注意し、本人にも反省文を書かせることなどが、改善に向けた努力として挙げられます。このような努力をしても改善されない場合に、はじめて解雇を検討することが可能となります。

解雇に対する様々な制限

解雇については法律上、様々な制限があります。具体的には、以下の①～⑥に掲げる事項を理由として労働者を解雇することは、法律上禁止されています。

① 国籍・信条・社会的身分・性別
② 結婚・妊娠・出産したこと、育児・介護休業の申し出や取得
③ 公益通報（公益のための事業者の法令違反行為に関する通報）をしたこと
④ 労働基準監督署に申告したこと

解雇の種類

種類	意味
整理解雇	いわゆるリストラのこと。経営上の理由により人員削減が必要な場合に行われる解雇
懲戒解雇	労働者に非違行為があるために懲戒処分として行われる解雇
諭旨解雇	懲戒解雇に相当する事由があるが、労働者の反省を考慮し、退職金等で不利にならないよう依頼退職の形式をとるもの
普通解雇	懲戒解雇のように労働者に非違行為があるわけではないが、就業規則に定めのある解雇事由に相当する事由があるために行われる解雇

⑤ 労働組合を結成した（結成しようとした）こと、労働組合の活動を行ったこと
⑥ 労使協定の過半数代表者となった（なろうとした）こと

　上記の理由に該当せず、解雇可能なケースであっても、解雇に関する規定が就業規則や雇用契約書にない場合、会社は解雇に関する規定を新たに置かない限り解雇できません。通常の会社では考えにくいですが、自社の就業規則などに解雇に関する規定がない場合、まずは解雇に関する規定を置くことから始めなければなりません。

　さらに、解雇可能なケースで、会社が労働者を実際に解雇する場合においても、労働者に対して、解雇予定日の30日以上前に解雇予告をするか、30日分以上の解雇予告手当を支払う必要があります（次ページ）。

解雇予告とは

　社員を解雇する場合、事前に解雇する理由を明確にしてそれが就業規則や雇用契約書に書かれている理由に該当するかどうかを確認し、さらに法律上解雇が禁止されているケースに該当しないかを確認します。

　こうした確認を経て、はじめてその社員を解雇することになります。社員の解雇を決めたとしても、原則としてすぐに解雇することはできません。会社は少なくとも30日前までに解雇予告をするか、30日分以上の解雇予告手当の支払をするという原則があるからです。

　解雇予告の制度が設けられた趣旨は、突然の解雇により、労働者に与える重大な影響を回避することです。つまり、事前に予告することなく労働者を解雇することを認めてしまうと、労働者が被る損失（主に経済的な損失）は計り知れないため、労働者に対して予告することで、様々な面において、解雇に際して労働者が準備をするための期間を保障しているということです。解雇の通知は、書面で行った方がよいでしょう。

解雇時期の制限

　労働基準法は、労働者が業務上負ったケガや病気の療養のために休業する場合や、労働者が産前産後の休業を取得する場合には、休業期間中とその後30日間について、その労働者を解雇できないと定めています。

　これらの期間中に、労働者が解雇される危険にさらされると、労働者が負傷や疾病による休業や出産をめ

ぐる休業を安心してとることができなくなるおそれがあるからです。

これらの期間中に、労働者が解雇される危険にさらされると、労働者が負傷や疾病による休業や出産をめぐる休業を安心してとることができなくなるおそれがあるからです。

解雇予告などが不要な場合もある

会社は次に挙げる社員については、解雇予告または解雇予告手当の支払をすることなく解雇ができます。

① 雇い入れてから14日以内の試用期間中の社員
② 日雇労働者
③ 雇用期間を2か月以内に限る契約で雇用している社員
④ 季節的業務を行うために雇用期間を4か月以内に限る契約で雇用している社員

①の社員については、すでに15日以上雇用している場合には、解雇予告や解雇予告手当が必要になります。

除外認定を受けた場合

以下の①②のいずれかに該当することを理由に、社員を解雇する場合は、解雇予告あるいは解雇予告手当の支払は不要とされています。

① 天災事変その他やむを得ない事由があって事業の継続ができなくなった場合
② 社員に責任があって雇用契約を継続できない場合

①の事由は、地震などの災害によって、事業を継続することができなくなった場合などが該当します。一方、②の事由は、懲戒解雇事由にあたる問題社員を解雇する場合などが該当します。

ただし、①②に該当すると判断した場合であっても、労働基準監督署長の除外認定を受けていない場合には、通常と同じように解雇予告ある

第7章 退職・解雇・懲戒処分

解雇予告日と解雇予告手当

- 30日前に予告すれば、予告手当は不要
- 30日(10日+20日)
- 20日前に予告する場合、10日分の予告手当を支払う
- その日に解雇する場合、30日分の予告手当を支払う
- 解雇の日

いは解雇予告手当の支払が必要になります。したがって、社員を解雇する際に、①②に該当する場合には、解雇予告除外認定申請書を管轄の労働基準監督署に提出した上で、除外認定を受ける必要があります。労働基準監督署長の除外認定を受けずに社員を即日解雇した場合は、労働基準法違反として刑事罰の対象になりますから、注意しましょう。

なお、退職金を支払うか否か、支払う場合に減額するか否かの問題は、除外認定とは別の話になります。

懲戒解雇の場合の解雇予告の有無

前述した①②のいずれかに該当する旨の除外認定を受けた場合、解雇予告または解雇予告手当の支払いが不要となります。つまり、解雇する社員に懲戒解雇事由がある場合には、労働基準監督署長の除外認定を受ければ解雇予告や解雇予告手当は必要ありません。

②の「社員に責任があって」というのは、法律上は「労働者の責に帰すべき事由に基づいて」と規定されているものです。この「労働者の責に帰すべき事由」とは、即日解雇されたとしてもやむを得ないと判断されるほどに、重大な服務規律違反あるいは背信行為をした場合であると解釈されています。

「重大な服務規律違反・背信行為」とは、犯罪行為を行った場合や、正当な理由もないのに無断欠勤し、かつ出勤の督促にも応じない場合などが該当します。そのため、出勤時間に数分程度遅刻してきた社員に対して、使用者が、「遅刻してくるような社員は解雇します。明日から来ないでください」と告げるようなやり取りは、一見すると成立しているように思うかもしれませんが、このような軽微な労働者側の落ち度に基づいて、即日解雇が認められることはありません。

注意すべき点は、解雇予告または解雇予告手当の支払いをせずに問題社員を懲戒解雇処分とするためには、除外認定を受ける必要があることです。除外認定がなされるまで、申請してから2週間から1か月程度の期間がかかります。

除外認定を申請する場合には、社員本人に対し重大な服務規律違反・背信行為を認める旨を記載した書類（自認書）を作成させるなど、あらかじめ十分な証拠をそろえるようにしましょう。

2 整理解雇について知っておこう

整理解雇は希望退職と退職勧奨を行った後に行う

整理解雇を検討する場合とは

　経営不振による合理化など、経営上の理由に伴う余剰労働者の人員整理のことを**整理解雇**といいます。

　整理解雇を行うためには、以下の4要件を満たす必要があります。

① 人員削減の必要性

　会社の存続のためにやむを得ず人員削減せざるを得ないという事情が必要です。したがって、会社の経営がこのままでは倒産に至ってしまうという、切迫した事態に至る前であっても、不採算部門の廃止など、再建のための方法として必要であると認められれば、人員削減の必要性が肯定されることになります。

② 解雇回避努力義務

　整理解雇を避けるための経営努力なしに解雇はできません。解雇を回避するための主な方法としては、次のようなものが挙げられます。

　「経費削減、昇給停止、賃金引下げ、一時金（賞与など）支給停止、残業削減および労働時間短縮、一時帰休およびワークシェアリング、配置転換および関連会社への出向、新規採用の中止、希望退職者の募集、役員報酬の削減、資産の売却など」

③ 解雇対象者を選ぶ方法の合理性

　整理解雇の対象者を選ぶ際には、客観的で合理的な整理解雇基準を設定し、これを公正に適用する必要があります。

　たとえば、女性や高齢者、特定の思想をもつ者のみを対象とした整理解雇は認められません。一方、欠勤日数、遅刻回数などの勤務成績や勤続年数などの会社貢献度を基準とするのは合理的な方法といえるでしょう。

④ 解雇の手続きの妥当性

　整理解雇にあたって、労働者への説明・協議、納得を得るための手順を踏んでいない整理解雇は無効になります。

整理解雇を知らせるタイミング

　退職勧奨や希望退職を行っている場合には、それが一段落ついてから整理解雇を実施します。一方、工場の閉鎖など、会社の一部門を丸ごと

閉鎖するような場合には、他の部署に異動させたり、関連会社や他社に出向や転籍させない限り、その部門に所属している社員を対象に整理解雇をせざるを得ない状況になります。

この場合、部門を閉鎖する日が決定した段階で、早めに整理解雇を実施した方が、その対象となる社員のためです。早い段階で整理解雇を行うことを伝えれば、対象者も早めに再就職に向けて活動ができるからです。ただ、あまりに早いタイミングで知らせてしまうと、解雇予定日までの間にモチベーションの低下によって生産性の低下を招く恐れもあります。製造業などの場合には、重大な事故となりかねないので、あまりに早く伝えるのもリスクを抱える期間が長くなりすぎて危険です。結局は、社員の再就職準備期間として必要な3か月ほどの猶予を見て、知らせるのがよいでしょう。

また、退職勧奨、希望退職、整理解雇の実施によって1か月以内に30人以上の退職者が出る見通しが立っている場合、実際に社員が退職し始めるまでに再就職援助計画を作成して、ハローワーク（公共職業安定所）に提出する必要があります。再就職援助計画が認定されてから退職予定者に対して再就職を支援した場合、労働移動支援助成金を申請することができるので、可能な限り活用するようにしましょう。

労働移動支援助成金（再就職支援奨励金）は、従業員に対して再就職のための休暇を与えた事業者や、職業紹介会社を用いて従業員の再就職を実現した事業者に支給されます。

いずれの場合も、助成金の支給を受けるためには、公共職業安定所長の認定を受けることが必要です。

証拠をそろえておく

整理解雇を実施する場合には、まずは会社の厳しい状況を社員に説明

整理解雇の4要件

整理解雇の4要件
- ① 人員削減の必要性
- ② 整理解雇を回避する努力を尽くしたかどうか
- ③ 被解雇者の人選の合理性
- ④ 解雇の手続の妥当性

し、整理解雇をせざるを得ない状況であることを理解してもらうようにしなければなりません。このためには、社員が十分に状況を理解できるように何度も説明会を開く必要があります。

説明会はただ漫然と開くのではなく、参加者のリストを作成した上で、参加者全員にサインしてもらうようにします。説明会で話した内容の詳細、社員からの質問とそれに対する回答を漏らさず記載した議事録も作成するようにします。このように説明した内容や参加者を書面で残しておくと、後に社員との間で訴訟などのトラブルに発展したとしても、会社側が整理解雇を行う上で、社員に対して十分な説明を行ったことを証明しやすくなります。

また、整理解雇が合理的であることを客観的に示すためには、会社としては、整理解雇が必要である経営状況を説明するために、貸借対照表や損益計算書をそろえておく必要があります。これにより会社の業績が悪化して、客観的に整理解雇が必要な状態であると示すことができます。さらに、会社の収支の中で、人件費が占める割合を示して、人件費の負担が会社の経営を圧迫している事実を示すこともできます。

その他にも、会社がそろえておくべき証拠として、整理解雇を防ぐために講じてきたその他の措置に関する資料が挙げられます。たとえば、役員報酬を減額させたのであれば、役員報酬の明細書や、人事異動や整理解雇を防ぐための、社員の賃金カットを示す書類などを用意しておく必要があります。

第7章 退職・解雇・懲戒処分

整理解雇や労働条件の引下げが無効となる場合

会社の経営状況の悪化
↓
会社の対応
↓
- 整理解雇 → 整理解雇の4要件（211ページ）を満たさない解雇は無効
- 労働条件の引下げ → 就業規則の変更が不合理といえるのであれば無効

3 懲戒処分の種類と制約について知っておこう

使用者が自由に懲戒処分できるわけではない

■ 秩序を保つためのペナルティ

労働者が会社のルールを破って職場の秩序を乱した場合、使用者は職場の秩序維持のために、労働者にペナルティ（制裁）を科すことになります。これを**懲戒処分**といいます。

■ 懲戒処分の内容について

労働者に懲戒処分を科すには、就業規則の中でどのようなことが処分の対象になるのかということと、懲戒処分の種類が具体的に定められていることが必要です。懲戒処分には、次のようなものがあります。

① 戒告・譴責

将来を戒め、始末書は提出させないのが戒告で、始末書を提出させるのが譴責です。戒告と譴責は、懲戒処分の中ではもっとも軽い処分ですが、昇給、昇格、賞与などの一時金の査定上不利に扱われることがあります。

② 減給

懲戒としての減給は、職場の秩序を乱したことに対する制裁金としての意味をもちます。この制裁金の額が不当に高くならないように、労働基準法91条は減給額に制限を設けています。

具体的には、制裁1回の金額が平均賃金の1日分の半額を超える減給は禁止されています。また、一賃金支払期（月1回の給与のときは1か月）における制裁の総額が、その一賃金支払期の賃金の総額の10分の1を超える減給も認められません。

また、会社に実際に損害が発生した場合、会社は減給とは別に受けた損害の賠償を労働者に請求することができます（民法415条）。

③ 停職（自宅謹慎、懲戒休職）

懲戒処分として一定期間出勤を禁じる処分です。停職の間は給料が支払われませんから、結果として減収になります。出勤停止は2週間以内程度とするのが一般的です。出勤停止による減収には、減給の場合の労働基準法91条の制限はありません。

④ 諭旨解雇

本人の自発的退職という形で解雇

することです。処分理由が懲戒解雇の場合よりも少しだけ軽い場合で、本人が会社に功績を残している場合などに行われます。また、諭旨解雇に応じなければ懲戒解雇にするというケースも多いようです。

⑤ 懲戒解雇

一番重い懲戒処分です。会社の都合でする普通解雇や整理解雇と違い、本人の責めに帰すべき事由に基づいて解雇するものです。解雇予告や解雇予告手当の支払をせずに即時解雇ができますが、その場合は、懲戒解雇が正当であることについて労働基準監督署長の除外認定が必要です（209ページ）。

もっとも、他の解雇と比べて、本人に大きな不利益を与える処分であり、本人に一切の弁明の機会も与えず、いきなり懲戒解雇にするのは相当といえません。

懲戒解雇事由としては、職場の秩序を乱す行為や服務規定違反を繰り返している場合、窃盗や傷害、詐欺といった犯罪を行うなど会社の名誉を著しく汚し、信用を失墜させた場合、私生活上の著しい非行などが考えられます。懲戒解雇された労働者は、退職金の全部または一部が支払われないのが通常です。

懲戒解雇の有効性の判断

裁判所も、懲戒解雇の有効性をより厳しく判断する傾向にあります。

一般的に、就業規則に懲戒解雇事由が列挙されているだけでは、懲戒解雇にするには不十分で、同様の行為で懲戒解雇にした先例があるかや、適正な手続に基づいているかなどを検討します。

会社が行う懲戒処分の種類

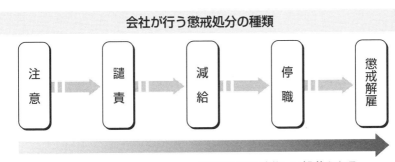

注意 → 譴責 → 減給 → 停職 → 懲戒解雇

右に行くほど厳しい処分となる

※この他には「降格」などの制裁がある

4 内部告発について知っておこう

内部告発者を保護する法律がある

内部告発とは

ある組織に属する人間が、組織内で行われている（行われようとしている）不正行為について、行政機関等に通報することを**内部告発**といいます。組織内で秘密裏に行われている不正行為を組織内部の人間が告発することで、早期解決につながる可能性が高くなります。

ただ、従業員が内部告発をすることで、会社から報復的な措置を受けてしまうということになると、違法行為を察知しても通報することを控えてしまうのが心情です。そこで、**公益通報者保護法**が制定されました。公益通報とは、公益のために事業者の法令違反行為を通報することです。合理的な理由のない解雇は「解雇権の濫用」として、労働契約法においても禁止されていますが、公益通報をした者の解雇は、解雇権の濫用にも該当します。

公益通報者保護法により、公益通報を行ったことを理由とする解雇は無効とされ、降格や減給など不利益な扱いをすることが禁止されます。たとえば、労働者が、その事業所で刑法・食品衛生法・金融商品取引法などの法律に違反するような行為が行われていることを通報した場合に、この法律の保護を受けることができるわけです。実際に内部告発者の正当性を認めた裁判例もあります。

通報先は、①事業所内部、②監督官庁や警察などの行政機関、③マスコミ（報道機関）や消費者団体などの事業者外部となっています。ただし、事業者外部への通報が保護されるためには、証拠隠滅の恐れがある、または人の生命や身体に危害が及ぶ状況にあるなど、クリアしなければならない条件があります。

差別的な取扱いと裁判所の評価

社内で法令に違反するような不正行為が行われているのであれば、過ちを指摘し、改善を要求することは正当な行為です。しかし、不正行為を行っていたことが表面化すると、会社は社会的信用を失い、倒産の危

機にさらされます。このため、会社の経営陣はもちろん、同僚たちも内部告発者に対し、閑職や遠方に異動させる、正当な評価をせず昇進させない、仕事を与えない、部署内で孤立させる、といった差別的な取扱いをすることがあります。

このような差別的な取扱いについて、内部告発者が会社を相手取り、損害賠償請求訴訟を起こした際の判例を見てみると、裁判所は、公益通報者保護法の保護対象となる事案だけでなく、たとえその内部告発が保護対象の要件を満たしていなくても、総合的に見て会社側の対応に違法性があると判断される場合には、内部告発者の損害賠償請求を認めるという対応をしています。

公益通報者保護法は内部告発者の保護を目的とした法律ですが、取引先や退職した元従業員など、部外者は保護の対象とされておらず、税法は公益通報の対象とならない(脱税の内部告発は保護対象とならない)などの問題点も指摘されています。

会社側、管理者が注意すること

内部告発者の保護が法的義務として課されていること、公益通報が違法行為を未然に防ぐ役割を果たすこと、SNSなどの飛躍的な普及によって違法行為を隠し通すことが難しくなっていることなどを考え合わせれば、公益通報を適切に受け止める窓口や手続きを整え、社内に周知させることが企業にとって大切です。

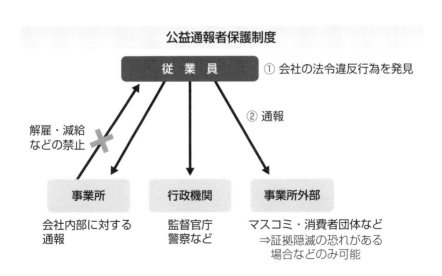

Column

解雇や退職の手続き

　口頭での解雇も法的には有効ですが、書面でも解雇を通知するのが一般的です。解雇の通知を伝える書面には、「解雇予告通知書」（解雇を予告する場合）という表題をつけ、解雇する相手、解雇予定日、会社名と代表者名を記載した上で、解雇の理由を記載します。即時解雇の場合には、表題を「解雇通知書」などとします。解雇（予告）通知書に詳細を記載しておくと、仮に解雇された元社員が解雇を不当なものであるとして訴訟を起こした場合でも、解雇理由を明確に説明しやすくなります。「解雇理由証明書」は会社から解雇した社員に対して交付する書面です。解雇した元社員から求められた場合、解雇通知書を渡していたとしても、交付しなければなりません。また、解雇予告を行った社員から交付を求められた場合は、解雇予告期間中であっても交付しなければなりません。

　「解雇理由証明書」には、解雇した相手、解雇日時（解雇予定日）、解雇理由を明記します。「書面を交付する」ということは、解雇された（解雇予定の）社員に対して、会社がその社員の解雇理由を明示することを意味します。仮に書面に記載した解雇理由が不当な内容であった場合には、後に訴訟などを起こされた際に不利な状況になります。解雇に正当な理由があることを証明できるような裏付けとして具体的な事実や理由を記載しておくことが大切です。

　また、会社を退職した社員は、いつ、どのような経緯で退職するに至ったのかを証明する書類（退職証明書）が必要となった場合、会社に証明書の交付を請求することがあります。ただし、記載事項は、退職者が記載を求めた事項に限られます。特に退職事由が解雇の場合には注意が必要です。会社が解雇の理由を記載しようと思っても、その社員が解雇理由の記載を求めなかった場合には、解雇理由を記載することはできません。

第8章

安全衛生管理・セクハラ・パワハラ・労災

1 安全衛生管理について知っておこう

業種や労働者数に応じて設置すべき機関が異なる

■一般の会社の安全衛生管理体制

一般の会社の安全衛生管理体制では、一定の業種、規模（労働者数）の事業場について管理責任者の選任と委員会の組織化を求めています。

・総括安全衛生管理者の役割

総括安全衛生管理者とは、安全管理者、衛生管理者を指揮し、安全衛生についての業務を統括管理する最高責任者です。原則として1000人以上の労働者を常時使用する事業場で選任義務が生じますが、業種により100人以上の労働者を常時使用する事業場で選任義務が生じる場合もあります。総括安全衛生管理者は、工場長など事業場において、事業の実施を実質的に統括管理する権限と責任をもつ者が該当します。

・安全管理者・衛生管理者の役割

安全管理者は、事業場の安全に関する事項を実際に管理する専門家です。安全管理者になるには実務経験が必要です。一定の業種（製造業・林業・建設業などの）で常時使用する労働者の数が50人以上の事業場においては、安全管理者を選任しなければなりません。

また、業種を問わず常時使用する労働者の数が50人以上の事業場においては、衛生管理者の選任が義務付けられています。衛生管理者は、事業場の衛生についての事項を実際に管理する専門家で、衛生管理者となるためには資格が必要です。衛生管理者は、事業場の規模に応じて複数人選任することもあります。

・安全衛生推進者・衛生推進者

小規模事業場（10人以上50人未満）において、安全管理者や衛生管理者に代わるものとして選任が義務付けられています。なお、林業・鉱業・建設業などの安全管理者の選任が義務付けられている業種の小規模事業場では、安全衛生推進者を選任します。

一方、衛生管理者のみの選任が要求されている業種の小規模事業場では、衛生推進者を選任します。

・安全委員会・衛生委員会と役割

安全委員会は、ⓐ林業・鉱業・建設業・製造業などは50人以上、ⓑ燃

料小売業・旅館業・ゴルフ場業などは100人以上の労働者を常時使用している業種の事業場において、その設置が義務付けられています。安全委員会は、安全に関する事項について調査・審議を行い、事業主に意見を述べます。

一方、衛生委員会は、衛生に関す

労働安全衛生法で要求されている安全管理体制

業　種	事業場の規模・選任すべき者
製造業（物の加工を含む）、電気業、ガス業、熱供給業、水道業、通信業、自動車整備および機械修理業、各種商品卸売業、家具・建具・じゅう器等小売業、燃料小売業、旅館業、ゴルフ場業	①10人以上50人未満 　安全衛生推進者 ②50人以上300人未満 　安全管理者、衛生管理者、産業医 ③300人以上 　総括安全衛生管理者、安全管理者、衛生管理者、産業医
林業、鉱業、建設業、運送業および清掃業	①10人以上50人未満 　安全衛生推進者 ②50人以上100人未満 　安全管理者、衛生管理者、産業医 ③100人以上 　総括安全衛生管理者、安全管理者、衛生管理者、産業医
上記以外の業種	①10人以上50人未満 　衛生推進者 ②50人以上1000人未満 　衛生管理者、産業医 ③1000人以上 　総括安全衛生管理者、衛生管理者、産業医
建設業および造船業であって下請が混在して作業が行われる場合の元方事業者	①現場の全労働者数が50人以上の場合（ずい道工事、圧気工事、橋梁工事については、30人以上） 　統括安全衛生責任者、 　元方安全衛生管理者（建設業のみ） ②ずい道工事、圧気工事、橋梁工事で全労働者数が常時20人以上30人未満、もしくは鉄骨造・鉄骨鉄筋コンクリート造の建設工事で全労働者数が常時20人以上50人未満 　店社安全衛生管理者（建設業のみ）

る事項について調査・審議を行い、事業主に意見を述べます。常時使用している労働者が50人以上の事業場では、業種に関わりなく衛生委員会の設置が必要です。

請負の関係で労働させる場合

建設工事では、施主から工事を請け負った元請企業が、仕事の一部を下請に出し、さらに孫請けに出すという「重層構造」の請負形態が混在することが多く、責任の所在が不明瞭になりがちです。

そこで、労働安全衛生法では、主に建設業の事業者に対し、前述した一般の安全衛生管理体制（220ページ）に加えて、特別の安全衛生管理体制を構築することを求めています。

・統括安全衛生責任者

元請負人と下請負人の連携をとりながら、労働者の安全衛生を確保するための責任者のことです。請負にかかる建設業や造船業で、全労働者数が常時50人以上（ずい道などの建設、橋梁の建設、圧気工法による作業では常時30人以上）の場合、統括安全衛生責任者の選任が必要です。

・元方安全衛生管理者

統括安全衛生責任者の下で技術的な事項を管理する実質的な担当者を元方安全衛生管理者といいます。建設業でのみ選任します。

・店社安全衛生管理者

小規模な一定の建設現場において、労働者の安全を確保するために、元請負人と下請負人の連携をとりながら事業場の安全衛生の管理をする人を店社安全衛生管理者といいます。

・安全衛生責任者

大規模な建設業の現場等で労働災害の防止のために、職場の安全衛生を担う者をいい、下請負人である事業主が選任します。

現場監督の責任

現場監督は、事業者に課せられている義務について、実際に仕事が行われる作業場で有効に反映させる責務を担っています。

労働安全衛生法が、事業者に対して求めている労働者の健康障害防止のための具体的な措置には、①機械設備・爆発物等による危険防止措置（20条）、②掘削等・墜落等による危険防止措置（21条）、③健康障害防止措置（22条）、④作業環境の保全措置（23条）などがあります。

また、労働安全衛生法26条により、事業者が講じた措置に対する労働者側の遵守義務が定められています。

相談　産業医

Case　企業が選任する産業医は、どのような職務を行うのでしょうか。また、産業医にはどのような責任が生じますか。

回答　産業医は、医師として労働者の健康管理を行います。産業医には、月に1度以上作業場を巡回することが義務付けられています。事業者は、常時50人以上の労働者を使用するすべての業種の事業場において、産業医を選任することが義務付けられています。2018年の労働安全衛生法改正で、産業医を選任した事業者は、労働者の健康管理を適切に行うのに必要な情報（労働者の労働時間に関する情報など）を産業医に提供することが義務付けられました。また、産業医の業務に関する事項を、職場内の見やすい場所に常時掲示するなどして周知することも必要になりました。

産業医は、健康診断の実施、健康障害の調査、再発防止のための対策の樹立などを行います。産業医は事業場に常駐している必要はありませんが、原則として毎月1回以上の職場巡視などの職務を行います。その際、作業方法または衛生状態に有害のおそれがあると判断すれば、直ちに、労働者の健康障害を防止するために必要な措置を講じなければなりません。

また、産業医は、労働者の健康を確保するため必要があると認めるときは、事業者に対し、労働者の健康管理について必要な勧告をすることができます。勧告を受けた事業者は、その内容を尊重しなければなりません。2018年の労働安全衛生法改正により、使用者は、産業医からの勧告の内容について、衛生委員会または安全衛生委員会に報告することが義務付けられました。

なお、産業医の診断などにミスがあった場合、産業医はどのような法的責任を負うのでしょうか。労働安全衛生法は、事業者に対して法的責任を課すものであり、産業医に対しては直接的な法的責任を課してはいません。一方、民法上は、産業医と会社との間に準委任契約（または雇用契約関係）があるといえますが、労働者との間には契約関係がありません。したがって、産業医は労働者に対する債務不履行責任は負いません。

ただし、注意義務違反が認められる産業医に対しては、不法行為に基づく損害賠償責任が生じると考えられており、裁判例においても産業医の注意義務違反が認められた例もあります。

産業医に課されている注意義務の程度について、定期健康診断のレントゲン診断で見落としがあったため、肺ガンで死亡したとして産業医が訴えられたケースでは、産業医に課せられる注意義務の程度にはおのずと限界があるとして、遺族の訴えを退ける判決がなされました。これに対し、自律神経失調症で休職中の労働者に対して、産業医が「病気ではなく甘えだ」などと発言し、症状を悪化させたとされるケースでは、産業医に注意義務違反があるとして、産業医の不法行為に基づく損害賠償責任を認める判決がなされました。したがって、労働者の症状を明らかに増悪させるような行為があった場合に、産業医自身が損害賠償の責めを負うことになるといえそうです。

なお、2018年の労働安全衛生法改正で、産業医は、労働者の健康管理を行うのに必要な医学の知識に基づき、誠実に職務を行う義務を負うことが明示されました。この誠実義務は、産業医の職務の独立性・公平性を保つための義務で、個々の労働者に対する義務ではありませんが、今後は誠実義務違反を根拠として、産業医の不法行為に基づく損害賠償責任を追及することが可能になると思われます。

産業医の職務

＜事業場＞常時50人以上の労働者を使用する事業場

産業医の選任が義務

使用者　選任　産業医

【職務】
・健康診断の実施、健康障害の調査、再発防止のための対策の樹立など
・原則として毎月1回以上の職場巡視 ➡ 必要に応じて労働者の健康障害を防止するための必要な措置
・事業者に対して労働者の健康管理について必要な勧告を行う

2 メンタルヘルス対策とストレスチェックについて知っておこう

企業は原則として従業員のストレスチェックが義務付けられる

メンタルヘルス悪化の要因は何か

近年職場でメンタルヘルス（精神面の健康）が悪化している要因としては、以下の事項が考えられます。

① **仕事量が多く、拘束時間が長い**

正社員採用の抑制の結果、労働者の人数が減少すると、残った社員が担う業務の量や責任が増大し、肉体的・精神的に過度の負担がかかります。

② **雇用形態の複雑化**

人員削減の一方、不足する労働力を補う目的で拡大した雇用形態の多様化は、メンタルヘルスの面でも問題視されています。

たとえば非正規雇用の労働者は、給料の低い単純な仕事しか与えられず、常にいつ解雇されるかわからない不安があるなど、精神的なストレスを抱えることも多くなります。

③ **人間関係の希薄化**

雇用形態の複雑化は、人間関係の希薄化という問題も生み出します。雇用形態が違うと仲間意識が生まれにくく、従業員同士でコミュニケーションをとる機会も減ります。

また、パソコンやモバイルといった各種IT機器の導入は業務の効率という点では効果的です。しかし、直接顔を合わせることなくメールで事務的な連絡を取り合うだけになるなど、部下が悩みを抱えていても上司は気づくことも難しいですし、部下の方も相談を持ちかけることが難しいです。

本人の変化に気づくことが大切

労働者がメンタルヘルスを損なうようになると、業務上でも様々な変化が見られるようになります。

メンタルヘルス疾患の兆候かもしれないということを念頭に置いて部下を見ることが必要になります。特に次のような変化に気をつけましょう。

① **遅刻・早退・欠勤が増える**

メンタルヘルスに変調をきたすと、不眠が続いて朝起きられなくなったり、強い倦怠感を感じることが多くなります。このような労働者は、遅刻・早退・欠勤が増える傾向にあります。

② 感情の起伏が激しい

感情のコントロールができなくなるのも、メンタルヘルス疾患の特徴のひとつです。

③ 業務上のミスが増える

メンタルヘルスの変調により集中力が低下し、必要な判断ができなくなることがあります。それにより「書類の記載ミスをしたり、電話やメールなどの連絡がきちんとできない」「打ち合わせ時間を間違える」「会議中に居眠りをしたりぼうっとして話を聞いていない」「業務をスケジュール通りに進行できない」など、業務に支障が出るようなミスを犯すことが多くなります。

どのように接したらよいのか

勤務態度の悪化や業務上のミスに対して、強く非難したり、制裁を与えるなどの方法で接してしまいがちですが、メンタルヘルスの問題を抱えている人の場合、それがかえってストレスになり、状態が悪化してしまうこともあります。

そこで必要なことは、まずメンタルヘルスに変調をきたしている相手（労働者）の話を聞くということです。

「何だ、そんなことか」と思われるかもしれませんが、ただ「大丈夫か」と声をかけたり、「何か悩みがあるなら話せ」と促すだけでは、相手は本音を話してくれません。また、聞きはするものの、一緒に「それはつらかっただろう」「困ったな」などと言うだけで何の対応策も示さないのも効果がありません。

どのような形でサポートできるかを具体的に考え、必要な対応策を示すといった技術を身につけることが、メンタルヘルスが悪化した労働者への対応として必要になります。

ストレス対策の重要性

仕事上のストレスによって脳・心臓疾患や、うつ病などの精神障害が発症したり、悪化したりすることが大きな社会問題になっています。また、業務による心理的負荷を原因とする精神障害（うつ病など）により正常な判断能力が失われ、自殺に至る労働者も少なくありません。

2003年にはこのような過労自殺が労働災害として位置付けられ、現在では会社の安全配慮義務違反を問う民事訴訟が数多く起こされています。脳・心臓疾患に係る労災支給決定件数は減少傾向にありますが、依然として高い水準を維持しています（24年度：338件→29年度：253件）。一

方、精神障害の労災支給決定件数は増加傾向となっています（24年度：475件→29年度：506件）。

労災事案以外にも、精神障害や脳・心臓疾患に関する民事訴訟が数多く行われており、会社は、これまでにないほど、労働者の業務上のストレスを軽減する対策を立てることが求められているといえます。

ストレスチェックの義務化

近年、仕事や職場に対する強い不安・悩み・ストレスを感じている労働者の割合が高くなっている中、仕事による心理的な負担によって精神障害を発症し、あるいは自殺したとして労災認定が行われる事案が増えています。

こうした状況を受けて、2014年6月に改正労働安全衛生法が成立し、2015年12月に施行されました。この改正によって、以前から課題となっていた、職場におけるストレスチェック（労働者の業務上の心理的負担の程度を把握するための検査）の義務化（当面のところは、従業員が常時50名未満の事業場は努力義務）が実現しました。

職場におけるストレスチェックの主な内容は、次の通りです。

① 会社は、常時使用する労働者に対し、1年以内ごとに1回、定期に、医師等（医師、保健師その他の厚生労働省令で定める者による心理的負担の程度を把握するための検査（ストレスチェック）を行わなければなりません。

② 会社はストレスチェックを受けた労働者に対して、医師等からのストレスチェックの結果を通知します。一般の健康診断とは異なり、従業員の極めて個人的な事項です

管理職にある者（管理監督者）が気を配ること

①部下の話を聞く
②客観的に問題点を把握する
③サポート方法を具体的に考え、必要な対応策を示す

上司

心の状態の把握
管理監督・統括

部下

メンタルヘルス疾患

ので、プライバシーを保護する必要性が高いといえます。そのため、結果は医師や保健師等から直接、労働者に対して通知されます。医師や保健師等は、労働者の同意なしでストレスチェックの結果を会社に提供してはいけません。
③ ストレスチェックを受けて医師等の面接指導を希望する労働者に対して、面接指導を行わなければなりません。この場合、会社は当該申し出を理由に労働者に不利益な取扱いをしてはいけません。
④ 会社は、面接指導の結果を記録しておかなければなりません。
⑤ 会社は、面接指導の結果に基づき労働者の健康を保持するために必要な措置について、医師等の意見を聴く必要があります。
⑥ 医師等の意見を勘案（考慮）し、必要があると認める場合は、就業場所の変更・作業の転換・労働時間の短縮・深夜業の回数の減少などの措置を講ずる他、医師等の意見の衛生委員会や安全衛生委員会への報告その他の適切な措置を講じなければなりません。
⑦ ストレスチェックまたは面接指導の従事者は、その実施に関して知った労働者の秘密を漏らしてはいけません。

以上のストレスチェック義務化に伴い、会社としては、これまで以上に体系的な従業員のストレス状況への対応が求められることになります。

また、ストレスチェックに関する労働者の個人情報を保護するセキュリティ体制も整えておく必要があります。

ストレスチェックの問題点など

ストレスチェックについては、医師や保健師などの専門的な人材をどのように確保するのかという問題があります。

また、ストレスチェックを受けた労働者が、会社に対して医師等の面接希望を申し出るシステムになっていますが、労働者が申し出を躊躇することも考えられますので、この点の対策も不可欠です。

その他にも、会社は労働者のストレスチェックを行うことが義務付けられていますが、労働者はストレスチェックの受診義務がないため、労働者に対してメリットなどを周知・教育する機会を確保することも重要です。

3 セクハラについて知っておこう

セクハラには対価型と環境型がある

どんな分類がなされているのか

職場における**セクハラ（セクシュアル・ハラスメント）**とは、性的言動により、労働者の就業環境を害することをいいます。職場におけるセクハラは、①対価型（性的関係の要求を拒否した場合に労働者が不利益を被る場合）、②環境型（就業環境を不快にすることで、労働者の就業に重大な支障が生じる場合）に分類されることが多いといえます。

たとえば、上司が部下に対して性的な関係を要求したものの、拒否されたことを理由に、その労働者を解雇する場合や降格させる場合、配置転換する場合などが対価型セクハラの例です。これに対して、労働者の身体に対する接触行為や、事務所内でのヌードポスターの掲示といった行為により、労働者の就業に著しい不都合が生じる場合が環境型セクハラの例です。

その他、上司が部下に抱きつき苦痛を感じさせることや、女性労働者の胸や腰を触るなどの直接的な身体接触を伴う行為も、環境型セクハラに分類されます。また、直接的な接触はなくても、従業員に対する性的な経験や外見、身体に関する事柄について発言する場合や、取引相手に対して他の従業員の性的な事項に関する噂を流すことで、その取引に支障を生じさせる場合なども、環境型セクハラにあたります。

なお、セクハラの場合、男性（加害者）から女性（被害者）に対するセクハラが目立ちますが、女性から男性に対するセクハラや、同性から同性に対するセクハラも存在します。

会社にはセクハラ防止義務がある

会社内でセクハラが行われた場合、セクハラを行った本人以外にも、セクハラを防止できなかったことを理由に、会社も法的責任を負うことがあります。

男女雇用機会均等法11条は、職場で行われる性的な言動に対する労働者の対応により労働者が不利益を受け、労働者の就業環境が害されるこ

とのないよう、事業主が必要な体制の整備その他の雇用管理上必要な措置を講じなければならないと定めています。この措置義務に違反し、その後に、厚生労働大臣の指導を受けたにもかかわらず、それに従わなかった場合には、行政上の責任として、会社名が公表されることもあります。

なお、厚生労働省では、措置義務について、「事業主が雇用管理上講ずべき措置」として9つの項目を示し、会社の事情に応じた対策を実施するよう促しています。9項目には、以下のような内容が含まれています。

① **セクハラに対する事業主の方針を明確にすること**

会社のトップである事業主事業主が「セクハラに対し、厳格な姿勢で臨む」と表明することで、セクハラ対策をより効果的なものにすることが望まれます。

② **相談窓口の設置など、必要な体制を整備すること**

専門の相談窓口を設置するなど、被害者が相談しやすい環境を整えることが必要になります。

③ **セクハラ問題が起きた場合に迅速かつ適切な対応をすること**

相談窓口に相談が届いた場合、できるだけ迅速に事実関係を調査し、適切な対応が求められます。概ね3か月をめどに解決を図りましょう。

また、民事上の責任として、会社は使用者責任(民法715条)を負います。使用者責任とは、従業員が職務中の不法行為により他人に損害を与えた場合に、使用者である会社もその従業員とともに損害賠償責任を負うという法的責任です。

さらに、会社は、従業員との労働契約に基づく付随義務として、従業員が働きやすい労働環境を作る義務を負っています。しかし、セクハラが行われる職場は労働者にとって働

セクハラにあたる行為

①言葉によるもの
性的な冗談やからかい、食事・デートへの執拗な誘い、意図的に性的な噂を流す、性的な体験等を尋ねる

②視覚によるもの
ヌードポスターを掲示する、わいせつ図画を配布する

③行動によるもの
身体への不必要な接触、性的関係の強要

きやすい環境とはいえないので、会社が労働契約に基づく付随義務に違反したとして、被害者に対して債務不履行責任（民法415条）を負う可能性があります。

相談を受けたら何をすべきか

実際にセクハラ被害などについて相談を受けた場合、まずは相談者からの訴えを十分に聞くことが重要です。他の人に話が聞こえない場所で、必要に応じて同席者を立てて話すようにするとよいでしょう。その際、相談者の悩みを否定するようなことをせず、最後まで十分に話をしてもらうようにしてください。

また、会社側としては、セクハラが訴訟まで発展する可能性があることを知っておかなければなりません。会社側の対応に非があったケースで、加害者本人だけでなく、会社側の使用者責任を認めた判例もあります。裁判で争うとなると、高度な法律知識や訴訟対策が必要ですから、会社の顧問弁護士などに相談しましょう。

事前予防するには

セクハラを防止するために必要なことは、①どんな行為がセクハラにあたるのか、②セクハラを誘発する発言や行動にはどんなものがあるか、③セクハラ問題が起こることによってどんな影響があるのか、ということを周知徹底することです。

そして、会社がセクハラに対して毅然とした対応を採ることを端的に示し、実際にセクハラを行った社員に対しては、就業規則などに照らして、厳重な懲戒処分などが与えられることを示しておくとよいでしょう。

被害者の加害者・会社に対する責任の追及

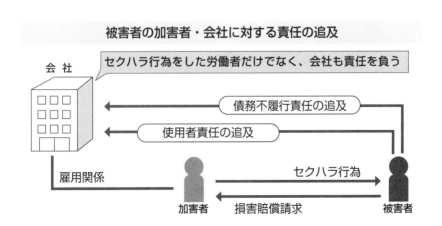

4 パワハラについて知っておこう

パワハラは早期に解決することが重要である

パワハラの定義

パワハラ（パワー・ハラスメント）の定義について、厚生労働省は「同じ職場で働く者に対して、職務上の地位や人間関係などの職場内の優位性を背景に、業務の適正な範囲を超えて、精神的・身体的苦痛を与える又は職場環境を悪化させる行為」としています。暴行・傷害などの身体的な攻撃はもちろん、脅迫・暴言・無視・仲間外しなどの精神的な攻撃や、人間関係からの隔離など、幅広い行為を含んだ概念です。

また、上司の部下に対する行為に限らず、同僚の間でも何らかの優位性を背景に相手に苦痛を与える行為をすればパワハラになります。さらに、部下の上司に対する行為がパワハラになることもあります。

そして、同じ職場の従業員同士の間でなくても、顧客や取引先などから、取引上の優劣を悪用して、従業員の人格や尊厳を傷つける言動がパワハラにあたることもあります。

パワハラを行った従業員は、その被害を受けた者に対して不法行為に基づく損害賠償責任を負うことになります。さらに、会社も使用者責任として、従業員が業務中にパワハラによって損害を与えた場合は、その従業員とともに、被害者に対して損害賠償責任を負うこともありますので、会社としてパワハラ対策を十分に講じておく必要性があります。

なお、パワハラを受けたと主張する社員が会社を辞める決意を固めている場合や、辞めてしまった場合には、問題解決は難しくなります。社内での穏便な解決が図れなくなり、争いが拡大し、労働局のあっせんや労働審判に発展したり、裁判を提起されるリスクが高まるからです。その意味でも、パワハラ問題は早期に小さな目のうちに摘む必要があるといえます。

問題が起こりやすい職場とは

労働政策研究・研修機構（JILPT）が公表している「職場のいじめ・嫌がらせ、パワー・ハラスメント対策

に関する労使ヒアリング調査」によると、パワハラ発生の背景・原因として「過重労働とストレス」「職場のコミュニケーション不足」「人間関係の希薄化」「業界特有の徒弟制度関係」などが挙げられています。

具体的なパワハラの形態

パワハラには様々な形がありますので、その具体例を紹介します。

① 相手に対する言葉による侮辱

仕事をする中で、相手に、「バカ野郎」「給料泥棒」「くそばばあ」などの侮辱的な言葉をかけることはパワハラになります。

② 他人が見ている前での侮辱

他人が見ている前で相手を侮辱する言葉を発することは、より悪質なパワハラです。

③ 無視

部下が気に入らないため、上司が部下を無視することはパワハラになります。

④ 報復人事

相手が気に入らないからといって、報復として相手を左遷することはパワハラになります。また、自分の意見を聞かない相手を、配置転換することも同様です。

⑤ 解雇のためのパワハラ

会社都合で従業員を解雇する場合、会社は解雇予告または解雇予告手当の支払いが必要になります。そのため、会社がこれらの手続が不要な、自己都合退職に追い込もうとする場合があります。

⑥ 遂行不可能なことの強制

期限内には到底終了させることができない大量の仕事を押しつけるなど、遂行不可能な仕事を強制することはパワハラになります。特に、仕事を教育・指導する中で、行われるケースが多いといえます。

⑦ 嫌がらせ目的での権限行使

業務と関係のない命令や、部下に対する嫌がらせなど不当な目的により発せられた命令は、上司による権限の違法な行使であり、そのような命令はパワハラにあたります。

⑧ 能力や経験と無関係の仕事を命じる

上司が、能力の高い部下に対し、あえて誰でもできるような仕事を命じることはパワハラになります。

⑨ 部下の上司に対する嫌がらせ

多くの場合、肩書きや職位が高い者ほど職場で優位に立ちますが、部下から上司に対する「逆パワハラ」も問題になります。

社員や管理職への周知徹底・教育研修

パワハラを防止するためには、会社がパワハラに対して毅然とした態度を示すことを明らかにし、その上で従業員に対して、適切な教育研修を行う必要があります。

また、就業規則や社員の心得の中にパワハラ防止のための項目を作成することも重要です。パワハラの定義、パワハラの具体例、パワハラの加害者に対して会社はどのような処分をするか、パワハラの被害者に対して会社はどのような措置を講じるかといったことを記載します。もっとも、就業規則の本則にパワハラについての詳細な規程まで盛り込むと、就業規則が膨大になってしまうので、別途、ハラスメント防止規程などを作成し、詳細なルールを定めるとよいでしょう。

従業員に対する研修は、管理職とその他の一般の社員を分けて行います。従業員を直接指揮監督する管理職に対する研修では、自分自身がパワハラの加害者になる可能性があることを意識させる内容の研修を行うことが必要です。逆に、一般の社員に対する研修では、パワハラの被害者となった場合にはどうするか、同僚からパワハラの相談を受けた場合の対応方法などを中心に研修などを行います。

また、パワハラは、人権問題等との関連が深いため、パワハラ研修を他分野の研修と同時に行うことが、より効率的・効果的であると、厚生労働省などが推奨しています。

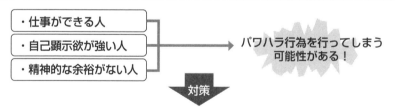

パワハラを未然に防ぐための対策

- 仕事ができる人
- 自己顕示欲が強い人
- 精神的な余裕がない人

→ パワハラ行為を行ってしまう可能性がある！

対策

- 苦手な部下でも、仕事と割り切ってうまくつき合っていく
- 部下の自尊心を傷つける行為や、必要以上のプレッシャーをかける行為をしない
- 部下の短所ばかりを見ず、長所や得意分野を見極める
- 上司自身が自分の性格や人間性を客観的に把握しておく

社内調査をしっかり行う

社内で行うパワハラに関する調査には、事前の調査と、パワハラが起きた後に行う事後調査とがあります。

まず事前調査の方法としては、社内でアンケートなどを行い、職場のパワハラの実態について把握し、予防・解決のための課題を検討します。

特に、従業員に対する調査では、過去にパワハラがあったか、現在パワハラが行われている場合には、具体的に被害者はどのような被害を受けているのか、パワハラ対策として会社に要望することはあるか、といった項目を挙げて、回答を求めます。一方で、管理職に対する調査では、一般の従業員と比べて、管理職はパワハラを行いやすい立場にあるので、異なる項目の調査が必要になります。

パワハラ問題で一番難しいのは、事案発生後に行う事実関係についての事後調査です。相談窓口の担当者、あるいはパワハラ対策委員会などが、被害者と加害者の双方から事情を聴取して事実関係を見極めることが重要です。

調査の担当者は、パワハラの加害者とされた人の言動を、聞き取りから客観的かつ時系列的に整理し、判定する必要があります。

なお、調査を行ってもパワハラの事実関係を確認できず、調査を終わらせることもあり得ます。その際には、パワハラを受けた被害者とされる相談者に対しては、十分に調査を実施した上で調査を終了させ、会社としての対応を終えることを説明することが大切です。

また、調査終了後に相談者が労働局や裁判所などの公的な機関に訴える可能性を、会社として想定しておく必要があるため、弁護士など労働問題の専門家を入れてパワハラ問題に対応することも必要です。

就業規則中のパワハラ防止規程の例

第○条（パワー・ハラスメント行為に対する対応）
パワー・ハラスメントについては、服務規律及び懲戒処分の規定の他、「ハラスメント防止規程」により別途定める。

5 労災保険のしくみを知っておこう

労働者が仕事中にケガをしたときの補償である

労災保険とは

労災保険（労働者災害補償保険）は、仕事中または通勤途中に発生した労働者の負傷（ケガ）、疾病（病気）、障害、死亡に対して、迅速で公正な保護をするために必要な保険給付を行うことを主な目的としています。

主な保険給付としては、①傷病（負傷や疾病）の療養に必要な補償を行う療養補償給付（療養給付）、②休業期間中に得られない賃金を補償する休業補償給付（休業給付）、③ケガなどについて障害が残る場合の障害補償給付（障害給付）、④被災労働者が死亡した場合に遺された家族の生活を考慮した遺族補償給付、⑤死亡した被災労働者の葬祭費用を補償する葬祭給付（葬祭料）などがあります（238ページ図）。

他にも、労災にあった被災労働者やその遺族の救済を図るため、様々な社会復帰促進等事業を行っています。つまり、労災保険は労働者の稼得能力（働いて収入を得る能力）の損失に対する補てんをするため、必要な保険給付を行う公的保険制度ということになります。

仕事中・通勤途中の事故が対象

保険給付の主な対象は、業務（仕事中）に起因した傷病等（負傷・疾病・障害・死亡）です（業務災害といいます）。しかし、どのような行為を「業務」に含めるべきかは難しい問題で、この線引きが保険給付を行うか否かを決定する重要な要素です。仕事とは直接関係なくても、事業主から参加を強制された行為中（宴会中など）に発生した傷病等は業務災害に含まれる点に注意が必要です。

労災保険にいう「業務」は、傷病等が業務に起因して発生したのか否かにより判断されます。その際、事業主の管理・支配が及んでいるのかが重要なポイントです。事業主の管理・支配の下で業務に従事する中で労働者が直面した危険な行為に基づく傷病等は「業務」に含まれます。

もっとも、傷病等が業務から直接発生したもの以外は、すべて労災保

険の適用対象外になるわけではありません。一般的に業務が傷病等の有力な原因であると認められれば、労災保険の適用対象に含まれます。

さらに、労災保険においては、労働者の通常の過失を考慮することはありません。つまり、労働者が業務を行うにあたり不注意で負傷しても、労働者に落ち度がある分だけ補償金額を控除する（過失相殺をする）運用は行われていないということです。ただし、労働者が故意で傷病等を負った場合や、過失の程度が重大である（重過失）場合は、保険の給付が認められないケースもあります。

また、労災保険の特徴として、労働者が負った傷病等について、事業主に故意や過失が認められない場合にも保険給付が認められることが挙げられます。

本来は、被災労働者の傷病等の内容や必要な補償は、個別のケースに応じて異なるはずです。しかし、個々のケースごとに補償内容を決めるのでは、同程度の傷病等を負っているにもかかわらず、補償される金額に差が生じ、不公平を生じて適切な補償が労働者に行き届かないおそれがあります。そのため、保険給付の内容が定率化されていることも、労災保険の大きな特徴のひとつとして挙げることができます。

1人でも雇うと自動的に労災保険が適用になる

労災保険は労働者を1人でも使用する事業を強制的に適用事業とすることにしています。つまり、労働者を雇用した場合には、自動的に労災保険の適用事業所になります。届出があってはじめて労災保険が適用されるわけではありません。

そして、労災保険は事業場ごとに適用されるのが原則です。本社の他に支社や工場などがある会社は、本社も支社も、それぞれ別個に労災保険に加入します。ただし、支店で労働保険の事務処理を行う者がいないなどの理由がある場合には、本社で事務処理を一括して行うこともできます。

適用される労働者と保険料

労災保険の対象については、その事業場で働いているすべての労働者に労災保険が適用されます。労働者とは、正社員であるかどうかにかかわらず、アルバイト、日雇労働者や不法就労外国人であっても、事業主から賃金を支払われているすべての人が対象です。しかし、代表取締役

などの会社の代表者は労働者でないため、原則として労災保険は適用されません。一方、工場長や部長などが取締役を兼務する場合は、会社の代表権をもたないことから、労災保険の適用があります。

労働者にあたるかどうかは、①使用従属関係があるかどうか、②会社から賃金（給与や報酬など）の支払いを受けているかどうか、によって判断されます。

労災保険の保険料は、業務の種類ごとに、1000分の2.5～1000分の88まで定められています。保険料は全額事業主が負担しますので、給与計算事務において、労働者の賃金から労災保険料を差し引くことはありません。

申請手続き

労災が発生したときは、被災労働者またはその遺族が労災保険の給付（保険給付）を請求します。保険給付の中には傷病（補償）年金のように職権で支給決定を行うものもありますが、原則として被災労働者やその遺族の請求が必要です。

保険給付の請求には時効が設けられており、時効期間経過後の請求は認められません。原則として2年以内（障害（補償）給付と遺族（補償）

労災保険給付（保険給付）の内容

目的	労働基準法の災害補償では十分な補償が行われない場合があるので、国（政府）が管掌する労災保険に加入してもらい、事業主（使用者）との共同負担によって補償がより確実に行われるようにする	
対象	業務災害と通勤災害	
労災保険給付の種類（業務災害（通勤災害）による）	療養補償給付（療養給付）	病院に入院・通院した場合の費用
	休業補償給付（休業給付）	療養のために仕事をする事ができず給料をもらえない場合の補償
	障害補償給付（障害給付）	身体に障害がある場合に障害の程度に応じて補償
	遺族補償給付（遺族給付）	労災で死亡した場合に遺族に対して支払われるもの
	葬祭料（葬祭給付）	葬儀を行う人に対して支払われるもの
	傷病補償年金（傷病年金）	療養開始後1年6か月を経過後、一定の場合に休業補償給付（休業給付）に代えて支給されるもの
	介護補償給付（介護給付）	介護を要する被災労働者に対して支払われるもの
	二次健康診断等給付	二次健康診断や特定保健指導を受ける労働者に支払われるもの

給付は5年以内）に、被災労働者の所属事業場の所在地を管轄する労働基準監督署長に請求することが必要です。労働基準監督署長は必要な調査を実施し、労災認定をした上で保険給付を行います。

「療養（補償）給付」については、かかった医療機関が労災保険指定病院等の場合は、医療機関を経由して「療養の給付請求書」を労働基準監督署長に提出しますので、医療費の立て替えは不要です。しかし、医療機関が労災保険指定病院等でない場合は、いったん医療費を立て替えて支払わなければなりません。その後に「療養の費用請求書」を直接労働基準監督署長に提出し、現金給付してもらうことになります。

被災労働者などから請求を受けて保険給付の支給または不支給の決定（原処分）をするのは労働基準監督署長です。原処分に不服がある場合は、都道府県労働基準局内の労働者災害補償保険審査官に審査請求ができます。審査官の決定に不服がある場合は、さらに厚生労働省内の労働保険審査会に再審査請求ができます。労働保険審査会の裁決にも不服がある場合は、原処分の取消を求めて裁判所に行政訴訟（取消訴訟）を起こすことになります。

労災保険給付の申請

労災保険法に基づく保険給付等の申請ができるのは、被災労働者本人またはその遺族です。

ただし、労働者が自ら保険給付の申請その他の手続きを行うことが困難な場合には、事業主が手続きを代行することができるため、実際には会社が手続きを代行して労災申請をするケースが多くあります。

会社が不当に労災の証明に協力しないような場合には、本人やその遺族がその旨の事情を記載して労働基準監督署に書類を提出することになるため、事業主はこの請求に対し誠実に対応する必要があります。また、保険給付等を受けるためには、所定の請求書の提出などの手続きをすることが必要です。

労災申請されたときの会社側の対応

労災保険給付のうち療養（補償）給付では、負傷・発病の年月日、負傷・発病の時刻、災害の原因や発生状況について、会社側（事業主）の証明が必要とされています。

労災であることに疑いがないケー

スであれば、会社としても労災の証明に応じることになるでしょう。しかし、労災であるか否かが不明確なケースでは、対応を検討しなければなりません。特にメンタルヘルス疾患の場合は、その原因がわかりくいことが多いようです。労働者側が「過度の業務や上司の圧力が原因でメンタルヘルス疾患になった」と主張しても、会社としては「本当に業務だけが原因なのか」「プライベートな事柄にも何か問題があったのではないか」などと考えることがあります。

ただし、はっきり労災とは言い切れないからといって、直ちに労災の証明を拒絶するのは、労働者とのトラブルを引き起こす可能性があるため、避けた方がよいでしょう。しかし、労災でない可能性がかなり高い場合にまで安易に労災の証明をしてしまうと、虚偽の証明をしたことを理由に徴収金の納付を命じられることがあります（労災保険法12条の3）。

被災した労働者の考えと異なる部分については、その旨を記載することができるため、会社としては弁護士や社会保険労務士などに相談した上で、記載方法や対応などを検討するのが効果的です。

労災にあたるかどうかは、提出された書類を基に労働基準監督署長が判断するため、最終的にはその判断に従う流れとなります。

労災認定の申請手続き

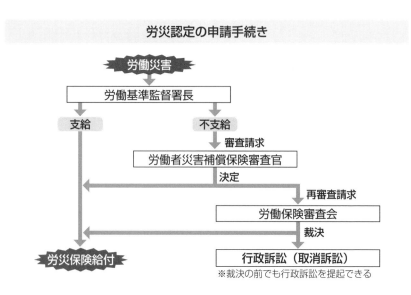

相談　過労死

Case　労働者が死亡したケースで、どのような場合に過労死であるとして労災認定が認められるのでしょうか。

回答　長時間労働や激務などによる疲労が蓄積し、脳血管障害や心臓疾患などの健康障害を起こして死亡することを過労死といいます。過労死については、過労死等防止対策推進法が規定されています。

過労死の労災認定については、厚生労働省の行政通達である「脳血管疾患及び虚血性心疾患等（負傷に起因するものを除く）の認定基準」（認定基準）に従って判断します。認定基準では、過労死の対象疾病として、脳血管疾患は「脳内出血（脳出血）、くも膜下出血、脳梗塞、高血圧性脳症」を挙げており、虚血性心疾患等は「心筋梗塞、狭心症、心停止（心臓性突然死を含む）、解離性大動脈瘤」を挙げています。

認定基準では、業務において次のような状況下に置かれることによって、明らかな過重負荷（脳・心臓疾患の発症を誘発する可能性があると思われる出来事）を受け、そのことによって発症したと認められる場合に、「労災」として取り扱うとしています。

① **異常な出来事**

発症直前から前日までの間に、大きな事故を目撃したなど、業務に関連して極度の緊張や興奮、恐怖、驚がくなど強度の精神的負荷を引き起こす突発的または予測困難な異常事態に遭遇した場合をいいます。

また、「作業中に海中に転落した同僚を救助した」など、緊急に強度の身体的負荷を強いられる突発的または予測困難な異常事態に遭遇した場合や、「急な配転で、なれない肉体労働をさせられた」など、急激で著しい作業環境の変化に遭遇した場合も含まれます。

② **短時間の過重業務**

発症前1週間程度の間に、特に過重な業務に就労することで、身体的・精神的負荷を生じさせたと客観的に認められる場合をいいます。

③ **長期間の過重業務**

発症前6か月程度の間に、著しい疲労の蓄積をもたらす特に過重な業務に就労することで、身体的・精神的負荷を生じさせたと客観的に認められる場合をいいます。なお、著しい疲労の蓄積をもたらす要因として特に重要視されるのが労働時間です。認定基準では、発症前1か月間から6か月にわたって、1か月あたり概ね45時間を超えて時間外労働が長くなるほど、業務と発症との関連性が徐々に強まるとされています。また、発症前1か月間に概ね100時間、または発症前2か月から6か月間にわたり1か月あたり概ね80時間を超える時間外労働が認められる場合に、業務と発症との関連性が強いと評価されます。

　残業については、会社の残業命令に基づき労働者が残業をすることを前提としていますが、多くの企業の実態として労働者自らの判断で長時間の残業に従事することも少なくありません。この場合、会社が長時間残業の事実を知り、または知り得た場合は、法的責任を問われることになります。もし労働者が、1か月あたり100時間を超える残業をしていたり、2か月以上連続で1か月あたり80時間を超える残業をしている場合には、会社は残業禁止命令を出し、産業医の診察を受けさせるなど、メンタル不調を防止する措置を講じる必要があります。

　近年は、過重労働を原因として労災が認定される事案が増えており、会社の法的責任（損害賠償責任など）を認める裁判例も増えています。

業務の過重性の評価項目

チェック項目とその内容

- **労働時間**
  時間の長さ・休日の有無
- **勤務体制（不規則かどうか）**
  スケジュール・業務内容の変更の頻度・程度
- **拘束時間**
  拘束時間数、実労働時間数・労働密度、休憩・仮眠施設の状況
- **出張の実態**
  出張の内容・頻度・移動距離、宿泊の有無、休憩・休息の状況
- **交代制・深夜勤務の実態**
  シフトの変更の頻度・程度、休日の割合、深夜勤務の頻度
- **勤務先の環境**
  温度環境・騒音の有無・時差の有無
- **業務内容の特性（緊張を伴う業務かどうか）**
  ノルマの厳しさ・時間的制約の有無・人前での業務・他人の人生を左右するような重要な業務など

相談 過労自殺

Case 労働者が自殺した場合に、労災として認定される場合があるのでしょうか。

回答 労災保険では故意による災害を給付対象としておらず、「自殺」は適用対象外とされています。一方、「過労自殺」については、業務起因性を認めて適用対象とするとされています。そのため、「過労自殺」か「業務以外の原因による自殺」であるかを判別する必要があります。

自殺の原因には業務によるものだけでなく、家庭環境、健康問題等の個人的な要因もあります。そこで、厚生労働省では、「心理的負荷による精神障害の認定基準」（認定基準）を作成しています。認定基準では、労働者に発病する精神障害は、業務による心理的負荷、業務以外の心理的負荷、各々の労働者ごとの個人的要因の3つが関係して起こることを前提とした上で、次の①～③のすべての認定要件を満たす精神障害を、労災認定の対象である業務上の疾病として扱うとしています。

① **対象疾病を発病していること**

認定基準における「対象疾病に該当する精神障害」は、原則として国際疾病分類第10回修正版（ICD-10）第Ⅴ章「精神および行動の障害」に分類される精神障害とされています。

② **対象疾病の発病前概ね6か月の間に、業務による強い心理的負荷が認められること**

業務による心理的負荷の強度の判断にあたっては、精神障害発病前6か月程度の間に、対象疾病の発病に関与したと考えられる業務によるどのような出来事があり、また、その後の状況がどのようなものであったのかを具体的に把握し、それらによる心理的負荷の強度はどの程度であるかについて、認定基準の「業務による心理的負荷評価表」を指標として「強」「中」「弱」の3段階に区分します。

そして、総合評価が「強」と判断される場合に、②の認定要件を満たすものと判断します。

具体的には、発病前6か月程度の間に、「業務による心理的負荷評価表」の「特別な出来事」に該当する業務による出来事が認められた場合には、心理的負荷の総合評価が「強」と判断されます。「特別な出来事」に該当する出来事がない場合は、どの「具体的出来事」に近いかの判断、事実関係が合致する強度、個々の事案ごとの評価、といった方法により心理的負荷の総合評価を行い、「強」「中」「弱」の評価をします。また、対象疾病の発病に関与する業務による出来事が複数ある場合、それぞれの出来事の関連性などを考慮して、心理的負荷の程度を全体的に評価します。

なお、長時間労働については、たとえば、発病日から起算した直前の1か月間に概ね160時間を超える時間外労働を行った場合などは、当該極度の長時間労働に従事したことのみで、心理的負荷の総合評価が「強」と評価されます。

③ ②において、業務による強い心理的負荷が認められる場合において、業務以外の心理的負荷および個体側要因により対象疾病を発病したとは認められないこと

「業務以外の心理的負荷」が認められるかどうかは、認定基準の「業務以外の心理的負荷評価表」を用いて検討していきます。評価の対象となる出来事としては、次のようなものが挙げられています。

・離婚や重い持病など自分の出来事
・配偶者や親族の死亡・重病など自分以外の家族や親族の出来事
・金銭関係で多額の損失をした場合
・事件、事故、災害の体験

自殺が業務上の災害として認められるための要件

従業員の自殺 → 原因は業務による心理的負担 → 業務上の精神障害の認定 → 故意による死亡とはいえない → 業務上の災害として認定

第9章

配転・出向・労基署調査

1 配置転換と転勤について知っておこう

労働者やその家族の生活に重大な影響を与える

配転命令権の行使と限界

配置転換とは、使用者が労働者の職場を移したり、職務を変更することをいいます。一般的には「配転」と略称されます。配転のうち、勤務地の変更を伴うものを特に「転勤」といいます。配転は労働者やその家族に大きな影響を与えることもありますが、会社には人事権がありますから、原則として必要性がある場合に配転を命じること（**配転命令**）はできます。

ただ、労働基準法による国籍・社会的身分・信条による差別、男女雇用機会均等法の性別による差別、労働組合法の不当労働行為などに違反する配転命令は認められません。

配転命令については、従来、配転命令権は使用者の労務管理上の人事権の行使として一方的決定や裁量にゆだねられていると解釈されていました。ただ、最近は配転命令権の行使が労働契約の範囲を超える場合は、使用者側から労働契約の内容を変更する申し出をしたものととらえ、労働者の同意がなければ、配転は成立しないと考える立場が有力です。労働契約の内容の変更に該当するかどうかは、配転による勤務地あるいは職種の変更の程度によって判断されます。

配置転換が行われる目的は、人事を活性化させて、社員を適材適所に配置することで、会社の業務の効率を向上させることにあると考えられています。その他にも、新事業に人材を配置する場合や、職務能力の開発・育成を行う手段として、配置転換が行われる場合もあります。さらに配置転換により、会社内の各部署の力の過不足の調整も可能です。

勤務場所の限定

特に現地採用者やパート社員などのように採用時に勤務地が限定されている場合は、本人の同意なく一方的に出された配転命令は無効とされます。また、勤務地が労働契約で定まっていない場合の配転命令は、業務上の必要性や労働者の不利益を考慮した上で有効性が判断されます。

職種の限定

職種については、採用時の労働契約や、会社の労働協約・就業規則などによって、または労働契約の締結の過程で職種を限定する合意が認められれば、原則として他の職種への配転には労働者の同意が必要です。

たとえば、医師、弁護士、公認会計士、看護師、ボイラー技師などの特殊な技術・技能・資格をもつ者の場合、採用時の労働契約で職種の限定があると見るのが通常です。

この場合、労働者の合意を得ずに出された一般事務などの他の職種への配転命令は無効とされます。

また、厳密な職種の概念が定義されていない職場でも、職種の範囲を事務職系の範囲内に限定して採用した場合は、職種の全く異なる現場や営業職への配転は同様に解釈することができます。しかし、整理解雇を防止するために新規事業を立ち上げて配転させることは、許容される傾向があります。単に同一の職種に長年継続して従事してきただけでは、職種限定の合意があったとは認められにくいといえます。

配転命令を拒否した場合

使用者が配転命令を出す場合、労働契約の中で労働者が配転命令を受け入れることに合意していることが前提であり、そのような合意がなければ配転命令は無効です。就業規則の中で「労働者は配転命令に応じなければならない」と規定されていれ

勤務場所の限定がない社員の転勤についての判例の立場

転勤に伴う家庭生活上の不利益は原則として甘受すべき

・全国に支店・支社・工場があり、毎年定期的に社員を転勤させるような会社の社員	下記の介護などの事情がない限り、転勤を拒否することは困難である
・共稼ぎのため、転勤すると単身赴任をしなければならない	権利の濫用がない限り社員は転勤を拒否できない
・新婚間もない夫婦が月平均2回ぐらいしか会えない	権利の濫用がない限り社員は転勤を拒否できない
・老父母や病人など介護が必要な家族を抱えているケース	一緒に転居する事が困難な家庭で他に介護など面倒をみる人がいないような事情があれば社員は転勤を拒否できる

ば、配転命令に応じる内容の労働契約の存在が一般に認められます。

ただ、配転は労働者の生活に重大な影響を与えることがありますから、配転命令の受入れに合意している場合でも、正当な理由があれば配転命令を拒否できることがあります。たとえば、老いた両親の介護を自分がしなければならない場合です。

労働者が配転命令に納得しない場合、最終的には裁判所で争うことになります。その場合、判決が出るまでには通常長い期間がかかるため、比較的早く結論が出る仮処分（判決が確定するまでの間、仮の地位や状態を定めること）の申立てを、訴訟の提起と一緒に（または訴訟の提起前に）行うのが一般的です。

なお、労働者は、業務命令に違反したという理由で懲戒解雇されることを防ぐため、仮処分が認められるまでは、いったん命じられた業務につくという方法をとることもあります。

配転命令が権利濫用にあたるか

配転命令も目的や状況によっては、権利濫用としてパワハラ（232ページ）となる場合があります。パワハラには、たとえば業務上の合理性がないにもかかわらず、能力や経験とかけ離れた程度の低い仕事を命じることなども含まれるからです。

つまり、嫌がらせや退職強要を目的とした合理性のない配転命令は、パワハラに該当する可能性があります。特に遠隔地や経験のない職務への配転が該当しやすいでしょう。

裁判等になった場合には、①業務上の必要性がない、②不当な動機・目的である、③労働者が通常甘受すべき限度を超えた著しい不利益である、という主として3つの観点から配転命令が権利濫用にあたるか否かが検討されます（次ページ図）。

①業務上の必要性とは、その者以外の他人を配転させても、業務を処理することができないという程度の必要性が認められる必要はなく、業務の合理的な運営にとってメリットがあるといえる場合には、業務上の必要性は肯定されると考えられています。

次に、②不当な動機・目的とは、退職に追い込む目的や、会社の経営方針に反対する社員を本社から遠ざける「左遷」目的などがある配転があてはまります。

そして、③「通常甘受すべき限度を超える」というと、かなり基準が曖昧ですが、実際の裁判例では、単

に単身赴任となる場合はおろか、高齢の母親や就学前の娘との別居も通常甘受すべきと判断されます。

その一方で、疾病や障害のある家族を支える社員の転勤については、通常甘受すべき限度を超えたものと判断される傾向があります。つまり、③は配転により家族の看病や介護に支障があるなど、限定的な場合を指していると考えられます。

いずれにしても、配転命令では不当な目的がないか、業務上の合理性がないかについて注意が必要です。

労働者とトラブルが生じた場合

必要な時に、必要な部署に、自由に労働者を配転できるのが経営合理化のために望ましいといえます。ただ、当初の労働契約で労働者の勤務場所や職種を限定しているにもかかわらず、使用者が一方的に配転命令を下すことはできません。

配転命令をめぐり、労働者とトラブルが生じた場合には、各都道府県の労働局にある「総合労働相談コーナー」などに相談するのがよいでしょう。組合員であれば労働組合に相談するのも1つの方法です。嫌がらせがあった場合には不当労働行為（公正な労使関係の秩序に違反するような使用者の行為）になりますので、組合員である労働者は、都道府県の労働委員会や中央労働委員会に対して、救済を申し立てることもできます。

第9章 配転・出向・労基署調査

配転命令権が権利濫用になる場合

業務上の必要性
├─ あり
│   └─ 不当な動機・目的
│   ├─ なし
│   │   └─ 労働者の著しい不利益
│   │   ├─ なし → 適法・有効
│   │   └─ あり → 権利濫用（不適法・無効）
│   └─ あり → 権利濫用（不適法・無効）
└─ なし → 権利濫用（不適法・無効）

2 出向について知っておこう

在籍出向と転籍がある

労働者の同意があるか

出向には2つのタイプがあります。1つは、労働者が雇用先企業に身分（籍）を残したまま、他企業で勤務するもので**在籍出向**といいます。出向の場合、出向期間終了後は出向元（雇用先企業）に戻ります。もう1つは、雇用先企業から他企業に完全に籍を移して勤務するもので、**移籍出向**または**転籍**といいます。

在籍出向命令の有効性

労働者にとっては、労働契約の相手方ではない別の企業の指揮命令下で労働することは、労働契約の重要な要素の変更となります。そのため、出向命令を下すためには、原則として労働者の個別の同意が必要です。

ただ、就業規則または労働協約に在籍出向についての具体的な規定（出向義務、出向先の範囲、出向中の労働条件、出向期間など）があり、それが労働者にあらかじめ周知されている場合は、包括的同意があったとされます。ただし、実際の判例は、出向規定の整備、出向の必要性、労働条件の比較、職場慣行などを総合的に考慮して包括的な同意があったかどうかについて判断しています。

人事権の濫用に該当しないか

出向命令が、その必要性や対象労働者の選定についての事情から判断して、権利を濫用したと認められる場合には、その出向命令は無効となります（労働契約法14条）。したがって、有効な出向命令として認められるためには、労働者の同意の存在と具体的な出向命令が人事権の濫用にあたる不当なものではないことが必要です。

転籍とはどのようなものか

転籍は、雇用先企業から他企業に身分（籍）を移して勤務するもので、移籍出向ともいわれます。タイプとしては、現在の労働契約を解約して新たな労働契約を締結するものと、労働契約上の使用者の地位を第三者に譲渡するもの（債権債務の包括的

譲渡）があります。最近は、企業組織再編が頻繁に行われており、これに伴い後者の地位の譲渡による転籍も少なくありません。

長期出張、社外勤務、移籍、応援派遣、休職派遣、などと社内的には固有の名称を使用していても、転籍は従来の雇用先企業との労働関係を終了させるものです。

転籍では、労働契約の当事者は労働者本人と転籍先企業になりますので、労働時間・休日・休暇・賃金などの労働条件は、当然に転籍先で新たに決定されることになります。

転籍条項の有効性

転籍には、労働者の個別的な同意が必要と考えられています。就業規則や労働協約の転籍条項を根拠に、包括的同意があるとすることは認められていません。そのため、労働者が転籍命令を拒否しても懲戒処分の対象にはなりません。

ただし、転籍条項について、①労働者が具体的に熟知していること、②転籍によって労働条件が不利益にならないこと、③実質的には企業の他部門への配転と同様の事情があること、のすべての要件を満たせば、例外的に個別的同意がなくても転籍命令を有効とする判例もあります。

なお、会社分割が行われて事業が別の会社に承継された場合、労働契約承継法により、原則としてその事業に従事していた労働者は、事業を承継した会社で引き続き雇用されます。反対に、その事業に従事していなかった労働者は、会社分割を理由として事業を承継した会社への配置転換（転籍など）を命じられたとしても、会社に対して申し出れば、元の会社に残ることができます。

出向と転籍の違い

	出向（在籍出向）	転籍（移籍出向）
労働者の身分	雇用先企業に残る（雇用先との雇用契約が継続する）	他の企業に移る（新たに他の企業と雇用契約を結ぶ）
期間経過後の労働者の復帰	通常は出向元に戻る	出向元に戻ることは保障されていない
労働者の同意	必要	必要
同意の程度	緩やか（個別的な同意は不要）	厳格（個別的な同意が必要）

3 労働基準監督署の調査について知っておこう

早期決着のために書面をそろえて迅速かつ誠実に対応する

■ 監督署＝労働者の味方ではない

労働基準監督署はあくまでも会社に労働基準法を遵守させるために設置された機関であって、必ずしも労働者の味方というわけではありません。労働基準監督署が実際に対応できる案件（労働基準監督署が調査を行うことができる事項）は、労働基準法や労働安全衛生法などに違反している可能性があるものに限られます。「労働基準監督署」という言葉の響きから、およそ労働法全般に関する事項について調査権限を持つと考えている人も多いため、この点は注意しなければなりません。

たとえば、会社の中でセクハラが行われている場合に、労働者が労働基準監督署に報告するというケースが少なからずありますが、セクハラは、基本的に男女雇用機会均等法に違反する行為であるため、労働基準法や労働安全衛生法などに違反する行為とはいい難く、労働基準監督署の調査権限が及ばないということです。

しかし、解雇予告または解雇予告手当の支払については、労働基準法上の規定に従わなかった場合には労働基準監督署が介入してきます。社員を解雇する場合には、解雇予告を行うか、解雇予告手当を支払って即日解雇する必要があります。しかし、これに違反して即日の退職を強制してしまうと、労働基準監督署が介入する原因となります。労働者への解雇の通告、退職勧奨の仕方には注意しなければなりません。

■ 調査や指導とは

労働基準監督署が行う調査の手法には、「呼び出し調査」と「臨検監督」の2つがあります。

呼び出し調査とは、事業所の代表者を労働基準監督署に呼び出して行う調査です。事業主宛に日時と場所を指定した通知書が送付されると、事業主は労働者名簿や就業規則、出勤簿、賃金台帳、健康診断結果票など指定された資料を持参の上、調査を受けます。

臨検監督とは、労働基準監督署が事業所へ出向いて立入調査を行うことで、事前に調査日時を記した通知が送付されることもあれば、長時間労働の実態を把握するために、夜間に突然訪れることもあります。また、調査が行われる理由の主なものとしては、「定期監督」と「申告監督」があります。

定期監督とは、調査を行う労働基準監督署が管内の事業所の状況を検討した上で、一定の方針に基づき、対象となる事業所を選定して定期的に実施される調査のことです。

一方、**申告監督**とは、労働者の申告を受けて行う監督です。近年ブラック企業などと呼ばれ、法律に違反して、もしくは法律ギリギリのところで、労働者を酷使して利益を出している企業が問題視されています。労働基準監督署の役割が認知されるようになったためか、以前は泣き寝入りしていたような事案でも、労働者が労働基準監督署に通報するケースが増えています。労働基準監督署はそういった情報を基に、対象事業所を決定して調査に入ることになります。調査に入り、重大な法律違反が発見されると、是正勧告が行われ、そして、それを確認するために再監督が行われることになります。

また、災害時監督と呼ばれる調査もあります。これは、労働者が業務を行う上で、負傷したり疾病にかかった場合（業務災害）のうち、その業務災害が大規模であったときに、業務災害が発生した事業所に対して、その原因究明や再発防止のために必要な指導などを行う目的で行われる調査をいいます。

肝心なのは法律違反をしないこと

社員が退職届を提出して退職を申し出てきた場合、申出日（社員が退職日として記載している日付）よりも前に会社を辞めてもらいたいのであれば、合意を得る必要があります。

合意を得られない場合には、当初の申し出通りに勤務してもらった方が無難でしょう。その社員に退職日まで会社に来てもらいたくない場合には、残った有給休暇を消化してもらうのも1つの方法です。その他、休業手当を支給した上で退職日まで休んでもらう方法をとってもよいでしょう。ただ、口頭では「言った、言わない」といった問題が後から生じかねませんから、社員の同意を得た場合には必ず書面で残すようにしましょう。

特に労働者の解雇・休業・残業を必要とする事態が生じた場合には、労働基準法に違反しないように定められた手続きを踏んでいれば、労働基準監督署の介入を受けることはないでしょう。介入を受けたとしても、違反行為の疑いがあると見ているだけで、実際はどうなのかを探ろうとしている段階ですから、違反行為をしていないこと、適法な対応をしてきたことの証拠書類を提示して冷静に説明しましょう。

■残業代未払いを申告された場合には

労働基準監督署の調査で是正勧告がなされる事案で代表的なものに残業代の未払いがあります。特に「名ばかり管理職」の問題が多くなっています。労働基準法では、管理監督者には残業代の規定を適用しないと定めていますが、これは一定の権限が付与されている管理監督者が対象です。しかし、実際には勤務時間についてまったく自己裁量の余地がない労働者にも管理職の地位を与えることで、残業代の支払を免れようとする事業所があります。

この場合は労働基準法違反になってしまい、調査で明らかになると是正勧告の対象となります。もっとも、是正勧告は、法的には行政処分ではなく行政指導にあたります。つまり、是正勧告自体は、警告としての意味を持つことになります。

残業代の未払いについて是正勧告がなされると、時効消滅する前の過去2年分に遡って残業代を支払うように指導されます。さらに、残業代の未払いが悪質であると判断されると、刑事訴追されて罰金刑などが科せられることもあります。会社の存続に関わる大きなペナルティになり得ますので、残業代の未払いが発生しないような対策が必要です。

■是正勧告に応じないとどうなる

解雇や賃金カットされた労働者から相談を受けた労働基準監督署が、会社に労働基準法に違反している疑いがあると判断すると、監督署に出向くよう、あるいは監督官が会社を訪問する旨を連絡してきます。いずれの場合も、会社側は、関連する書類を提出することになります。調査に応じないと、最悪の場合は事業所に対し強制捜査が入ることもありますから、必ず調査には応じるようにしましょう。

労働基準監督署の調査権限は非常に強く、労働基準法違反などの事件

に関しては、警察と同等の捜査権限を持っています。調査の拒否や、妨害行為等に対しては、罰金刑が規定されています。しかし、使用者と労働者との間のトラブルが、主に民事上の紛争にとどまる場合には、労働基準監督署が介入する余地はほぼありません。つまり、労働基準法に違反する解雇については、労働基準監督署が必要な調査を行い、その結果として、その解雇が無効であると判断される場合がありますが、正当な法的手続に沿って行われた解雇について、労働者が不服を訴える場合には、労働基準監督署ではなく、裁判所などに訴える必要があるということです。調査の際に提出する書類は、労働者名簿や賃金台帳、就業規則などの他に、その社員の出勤簿やタイムカード、雇用契約書などです。

また、問題社員を解雇した場合などに準備しておいた証拠書類なども提出します。監督官は提出された書類を基に事実関係を調査します。

事実関係について説明をする時には、事前に準備しておいた証拠書類を基に明確に冷静に説明するようにします。

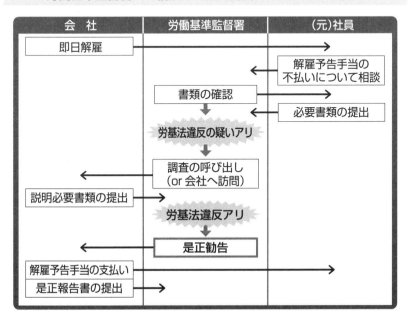

労働基準監督署への相談から是正勧告にいたるまでの流れ

【監修者紹介】
小島 彰（こじま あきら）
1957年生まれ。石川県出身。特定社会保険労務士（東京都社会保険労務士会）。就業規則等の作成から労働保険・社会保険の手続き業務といった代行業務、労務相談、IPO（株式上場）支援コンサルテーション、労務監査などを数多く手掛けている。労務相談については、企業側からの相談に留まらず、労働者側からの相談も多い。また、IPO（株式上場）のコンサルティングにおいては、昨今のIPOでの労務関係の審査の厳格化に対応するための適切な指導を行っている。IPO関連のセミナーの実績多数。
著作に、『パート・契約社員・派遣社員の法律問題とトラブル解決法』『解雇・退職勧奨の上手な進め方と法律問題解決マニュアル』『労働基準法と労働条件の基本がわかる事典』『労働安全衛生をめぐる法律と疑問解決マニュアル108』（監修、小社刊）などがある。

こじまあきら社会保険労務士事務所
会社の設立時の新規適用申請から労働保険・社会保険の手続き代行、給与計算代行、就業規則の新規作成および改正業務、その他労務関連の諸規定の整備、IPO（株式上場）労務コンサルテーションなど幅広く対応している。また、電話とメールを活用した相談サービスやセミナー講師、原稿執筆なども積極的に行っている。

ホームページ　http://www.kojimaakira-sr.com

事業者必携
入門図解　最新　管理者のための
労働法の基本と実務

2018年9月30日　第1刷発行

監修者	小島彰
発行者	前田俊秀
発行所	株式会社三修社
	〒150-0001　東京都渋谷区神宮前2-2-22
	TEL　03-3405-4511　FAX　03-3405-4522
	振替　00190-9-72758
	http://www.sanshusha.co.jp
	編集担当　北村英治
印刷所	萩原印刷株式会社
製本所	牧製本印刷株式会社

©2018 A. Kojima Printed in Japan
ISBN978-4-384-04795-0 C2032

JCOPY 〈出版者著作権管理機構 委託出版物〉
本書の無断複製は著作権法上での例外を除き禁じられています。複製される場合は、そのつど事前に、出版者著作権管理機構（電話 03-3513-6969　FAX 03-3513-6979　e-mail: info@jcopy.or.jp）の許諾を得てください。